LE MARCHEUR-PÉDAGOGUE

Amorce d'une pédagogie rhizomatique

Yves AMYOT

LE MARCHEUR-PÉDAGOGUE

Amorce d'une pédagogie rhizomatique

L'Harmattan
5-7, rue de l'École-Polytechnique
75005 Paris
FRANCE

L'Harmattan Hongrie
Hargita u. 3
1026 Budapest
HONGRIE

L'Harmattan Italia
Via Bava, 37
10214 Torino
ITALIE

à Marie Bellerive

SOMMAIRE

INTRODUCTION
MISE EN ŒUVRE D'UNE PÉDAGOGIE RHIZOMATIQUE
COMME RÉPONSE À L'ISOLEMENT SCOLAIRE   9

CHAPITRE 1
LE RÉSEAU   25

1.1   Généalogie du réseau, concept à géométries
       multiples   25
       1.1.1   Le réseau que l'on tisse   25
       1.1.2   Les réseaux que l'on observe   26
       1.1.3   Le réseau que l'on construit   27
       1.1.4   Le réseau de Saint-Simon   29
       1.1.5   Les réseaux de communication   30
       1.1.6   Le réseau, espace totalitaire ou unité
               du monde   32

 1.2   L'appropriation du réseau par le milieu de l'éducation   34
       1.2.1   L'école moderne et les mouvements alternatifs 35
       1.2.2   Ivan Illich, précurseur   37
       1.2.3   Les réseaux de Claire et Marc Heber-Suffrin   40
       1.2.4   L'intérêt des pédagogues français vis-à-vis
               du réseau   44
       1.2.5   Pierre Lévy et l'intelligence collective   48
       1.2.6   Les Américains, un autre parcours   54

1.3   Un filet de réseaux   60

CHAPITRE II
LE RHIZOME   61

2.1   Rhizographie   61

2.2   Le rhizome, le réseau et l'identité mobile   63
    2.2.1   Ancrage et contrôle   64
    2.2.2   Absorption et circulation   65

2.3   Ils étaient plusieurs   67
    2.3.1   Il n'y a de désir qu'agencé ou machiné   70
    2.3.2   Mouvements de territorialisation,de
          déterritorialisation et de reterritorialisation   71
    2.3.3.   Au fait, quand on imite,
          c'est qu'on rate le devenir   73
    2.3.4   Ligne molaire et ligne de fuite   74
    2.3.5   Le désir   75
    2.3.6   J'ai de l'herbe dans la tête, et pas un arbre   76
    2.3.7   Une logique paradoxale   77

2.4   Il y a le meilleur et le pire dans le rhizome   78

2.5.   *Fragments et résidus* de Clermont Gauthier   84

2.6   *La pédagogie nomade* de Moniques Richard   88

2.7   De l'organique au concept philosophique,
          le rhizome se ramifie à l'éducation   90

CHAPITRE III
L'AMORCE D'UNE PÉDAGOGIE RHIZOMATIQUE   93

3.1   Nous sommes en continuité   93

3.2   Portrait de classe   94

3.3   L'organisation réticulaire comme analogie structurelle   97

3.4   Aspiration et propulsion du désir   114

3.5   Agencement de nœuds iconiques   121

3.6   Pédagogie et réseau   123

3.7   Pédagogie et rhizome   126

CHAPITRE IV
ARRIMAGE DE LA THÉORIE À LA PRATIQUE   135

4.1   *Arboretum*   135
       4.1.1 Description détaillée des relais   138

4.2   *Métamorphose*   144
        4.2.1 Description détaillée des métamorphoses   148

4.3   *Le 100 mètres en 100 lignes*   161
       4.3.1 Description détaillée du parcours   164

4.4   Triptyque rhizomatique   170

CONCLUSION
NOUS NE SOMMES PLUS LES MÊMES   173

NOTES   183

BIBLIOGRAPHIE   185

INTRODUCTION

MISE EN OEUVRE D'UNE PÉDAGOGIE RHIZOMATIQUE COMME RÉPONSE À L'ISOLEMENT SCOLAIRE

Selon Jean Chateau (1980), depuis Platon, pédagogues, maîtres, philosophes, éducateurs et enseignants sont à la recherche de méthodes, de théories, de modèles, de principes, pour ainsi dire d'une pédagogie qui améliorerait l'enseignement et qui optimiserait les apprentissages de tous et chacun. Dans le but d'augmenter la transmission et l'acquisition de savoirs et de savoir-faire, ils ont réfléchi aux théories de l'apprentissage et aux moyens de transmettre le savoir. Du désir de former une élite, en passant par la valorisation du processus, jusqu'à la réussite pour tous, plusieurs approches ont émergé de cette quête fondamentale, de ce désir pulsionnel qui nous entraîne, à un moment, dans la pratique et, à un autre, dans la théorie. Cet incessant aller-retour se justifie par le désir de trouver une position parfaite, un lieu idéal entre la théorie et la pratique, où la transmission et l'acquisition de nouveaux savoirs et d'apprentissages chez l'élève seraient une réussite. Mais ce lieu pédagogique, cet ensemble de valeurs, de règles, de principes, de préceptes et de modèles qui répondraient aux besoins d'un grand nombre de contextes éducationnels existe-t-il vraiment ? Est-ce une utopie ? Pierre Lévy, philosophe du cyberespace, questionne cette quête :

> Ce qu'il faut apprendre ne peut plus être planifié ni précisément défini à l'avance. Les parcours et profils de compétences sont tous singuliers et peuvent de moins en moins se canaliser dans des programmes ou cursus valables pour tout le monde. Nous devons nous construire de nouveaux modèles de l'espace des connaissances (1997, p. 27).

Les valeurs, les structures, les désirs, les élèves, les classes, la dynamique, les référents culturels varient d'une année à l'autre. Il est alors impossible de développer une pédagogie qui pourrait être un modèle applicable pour plusieurs années consécutives. L'enseignant, sensible et ouvert au monde, est alors perméable à ces nouveaux courants et changements. Il est en quête d'informations et de réalités directement liées à l'acte de transmission et de réception des connaissances. Son désir d'établir un contexte d'apprentissage favorable le propulse vers de nouvelles réalités. En mouvement, chacun de ses pas le transporte et lui donne accès à une multitude de points de vue. Ce marcheur pédagogue est, à chaque instant de son trajet, sollicité à réagir, réfléchir et agir pour adapter son enseignement. Il réajuste son trajet pour toujours garder le cap sur une oasis ou un « arc-en-ciel » (Bressand et Distler, 1995, p.184) pédagogique. Dans cette optique de perpétuel déplacement du marcheur-pédagogue, j'amorcerai, dans ce mémoire, la mise en œuvre d'une pédagogie rhizomatique en transposant à l'éducation artistique les concepts théoriques reliés au réseau et au rhizome, tout en l'appuyant sur ma pratique personnelle d'enseignant spécialisé en arts plastiques.

Mon trajet pédagogique, un parcours à entrées multiples

Cette recherche s'est déployée parallèlement aux multiples déplacements que j'ai effectués, tel un nomade, dans le milieu de l'éducation artistique au Québec. Propulsé par le désir d'explorer de nouveaux territoires et de découvrir de nouvelles réalités, j'ai été amené à vivre des expériences faisant appel à mon intuition, mes connaissances pédagogiques et ma pratique artistique. Petit à petit, j'ai réussi à mettre en œuvre un enseignement qui répond à mes attentes professionnelles et qui correspond à ma personnalité. Bien que cette approche, élaborée lentement, depuis plusieurs années, soit très personnalisée, je désire la partager, la rendre accessible à d'autres éducateurs et ceci, naturellement, dans le but d'améliorer la qualité de la transmission et de l'acquisition de savoirs, de savoir-faire et de savoir-être en enseignement des arts plastiques. Ce parcours divergent m'a permis de me retrouver dans différentes réalités scolaires et d'y agencer des idées, des projets, des enseignements et des rencontres. La description de ce trajet est essentielle pour prendre conscience de sa multiplicité et de sa diversité, et pour aussi permettre, ultérieurement, de relier théorie et pratique dans cette amorce d'une pédagogie rhizomatique.

Depuis plusieurs années, j'enseigne les arts plastiques dans les écoles primaires, secondaires et, depuis peu de temps, au collégial, sous différents statuts : à certains moments, à temps partiel ou à temps plein, comme contractuel ou suppléant, comme enseignant ou artiste, mais toujours en situation précaire. Cette précarité offre toutefois de l'espace, du temps pour réfléchir et explorer d'autres avenues. Connaissant bien les limites de l'enseignement des arts plastiques dans une institution, je suis parallèlement en quête d'expériences pédagogiques plus éclatées. Je souhaite intégrer la notion du risque, de l'imprévu et de l'éphémère à mon enseignement en concevant des projets constitués d'agencements inhabituels, paradoxaux et générateurs d'énergie.

De 1993 à 1998, j'ai mis en œuvre trois projets rhizomatiques en tant que spécialiste en arts plastiques à l'école secondaire Calixa-Lavallée, en 1re et 2e secondaires. Cette série de projets débuta avec *Arboretum*, qui s'inspirait du Land Art et de la danse Buto, dans le but d'éveiller le corps de l'élève pour que celui-ci soit plus disponible à la réalisation d'une installation collective et individuelle. L'année suivante, dans le projet *Métamorphose*, chacun des travaux des élèves devenait le point de départ du suivant, et ainsi de suite, de novembre à juin ; cadencés par la réalisation, la destruction et la récupération de leurs travaux, les élèves étaient confrontés à la notion de l'éphémère. Le dernier projet de ce triptyque, *Le 100 mètres en 100 lignes,* réunissait deux pratiques, soit le dessin et la course à pied, ainsi que deux disciplines, soit les arts et le sport ; ce projet interdisciplinaire permettait aux élèves de découvrir les liens entre leur corps en mouvement et l'image d'un corps en mouvement. Ces projets seront décrits et analysés plus longuement au Chapitre IV, afin de révéler leurs spécificités réseautiques et rhizomatiques.

Parallèlement à mon enseignement et à mes projets, j'ai été invité, comme artiste, dans plusieurs écoles secondaires du Québec pour animer des ateliers vidéo[1]. D'une école à l'autre, je présentais des productions vidéographiques et ma démarche de vidéaste, suivies d'un atelier de scénarisation et de sonorisation. Mais les limites de ce mémoire ne permettent pas d'aborder l'analyse de ces ateliers vidéo, qui pourra faire l'objet d'une recherche subséquente.

Ces différents rôles m'ont mené dans des écoles publiques et privées, situées à la campagne, en banlieue ou au cœur de la métropole. Parmi celles-ci, certaines institutions ont une vocation particulière, telle que sportive ou musicale, alors que d'autres se caractérisent par leur clientèle multiethnique ou majoritairement composée de Québécois de « souche ». De plus, chacune d'elles se distingue par la classe économique d'où les élèves sont issus. Cette mobilité m'a permis d'être en contact avec des élèves de la 1re à la 5e secondaire, dans leurs cours d'arts plastiques ou d'arts et communications, et de rencontrer plusieurs enseignants spécialisés en arts plastiques.

Ces expériences m'ont permis d'observer un élément commun à ces multiples réalités scolaires : l'isolement de tous ces individus, autant celui des enseignants que celui des élèves. Malgré leur regroupement sous un même toit, des centaines d'heures passées ensemble, des objectifs communs, des pratiques riches et variées, il y a peu de communication et d'échange : « It seems that walls have been built between the arts community and the schools, between the arts and the administration, and even between arts areas themselves. » (Wenner, 1991, p.20). Dans la majorité de ces écoles, j'ai constaté à quel point l'organisation scolaire, le curriculum, les objectifs pédagogiques, le ratio enseignant / élèves et la grille horaire ne favorisaient pas le partage des ressources et la communication.

La prépondérance de la spécialisation et de la hiérarchisation des rôles sociaux, depuis le début de l'ère industrielle, est certainement la première cause de cet isolement.

L'industrialisation a structuré chaque étape de production et, par conséquent, chaque individu s'est retrouvé avec un territoire bien cerné, situé sur une échelle hiérarchique. Les développements disciplinaires des sciences n'ont pas apporté que les avantages de la division du travail, ils ont aussi apporté les inconvénients de la sur-spécialisation, du cloisonnement et du morcellement du savoir.

Ces problèmes se retrouvent aussi dans notre milieu scolaire, au Québec, où les programmes, élaborés durant les années 60, avec le rapport Parent (1963), s'inspirent directement de la pensée moderniste : « The essentially modernist models with which we continue to work, for the most part, in our art schools and university art departements could benefit from some revisions. » (Wainio, 1994, p.123). Il est certain qu'il y a des exceptions, des nuances à préciser car j'ai aussi observé, dans certaines écoles, que l'énergie et la pédagogie mises en œuvre font en sorte que l'équipe travaille à maximiser ses ressources. Ces écoles sont malheureusement minoritaires et c'est ce qui me porte à croire que l'isolement est une réalité que l'on retrouve dans la plupart des écoles ou, à tout le moins, dans plusieurs d'entre elles.

Tout en voulant dénoncer l'infertilité de l'isolement en éducation cette recherche ne dénigre en aucune manière l'importance de l'isolement à certains moments. Tout en étant en quête de moyens pour favoriser la mobilité par les échanges et les rapports de différentes natures, je crois aussi que la réclusion et l'isolement de l'individu dans une communauté sont, à certains moments, indispensables. Le travail individuel est une étape importante qui permet l'identification de ses besoins, objectifs et singularités vis-à-vis de ses camarades ou ses collègues :

> Infusion and interdisciplinary integrations are priorities, but the staff also realizes that focusing on specific disciplines is, at times, both a necessary endeavor and a prerequisite to interdisciplinary activities (Trent, 1998, p. 35).

Ce processus identitaire est naturel et incontournable afin de pouvoir, par la suite, relier ses désirs à d'autres points de vue. Nous devons tisser nos connaissances, nos savoir-faire et nos valeurs, faire des nœuds qui sont, à un moment donné, d'une solidité implacable mais qui, par la suite, peuvent être défaits et redevenir disponibles pour d'autres tissages. Je crois qu'il est possible de façonner son identité tout en étant dans un état de mobilité. L'identité n'est plus seulement de l'ordre de l'enracinement, d'une fixité, d'une possession propre à soi ; elle est aussi fluide, métamorphosable et en mouvement. La pédagogie rhizomatique privilégie les connexions, les agencements, les rencontres, qui ne peuvent avoir lieu que lorsqu'on est en mouvement : elle brise un certain isolement sans réfuter la quête de l'identité.

Le problème de l'isolement vécu dans le système scolaire m'amène à proposer le concept d'une identité mobile. C'est le moyen que je privilégie pour contrer l'aveuglement que génère la croyance par laquelle l'individu et la connaissance n'ont de valeur que lorsqu'ils sont ancrés, fondés et construits objectivement, c'est-à-dire scientifiquement. Les notions d'éternité, de vérité, de durabilité et d'efficacité ne sont pas au registre de cette approche pédagogique, et ceci sans que cela n'empêche la quête d'une approche qui améliore l'enseignement des arts plastiques. De plus, mon désir de développer une pédagogie qui s'inspire de la pensée rhizomatique et du concept de réseau répond, en premier lieu, à un besoin personnel, celui de briser mon propre isolement. Je cherche à rendre mon enseignement disponible à de nouvelles connexions, pour ainsi le garder le plus vivant et dynamique possible. Cette quête personnelle m'a conduit à une réflexion plus générale sur l'isolement dans le milieu de l'enseignement des arts plastiques au Québec.

Il est pertinent, dès maintenant, d'énumérer certaines observations quant à l'isolement dans le milieu scolaire. Cette énumération est indispensable car certains éducateurs, travaillant déjà dans un esprit de collaboration, doutent de l'existence d'un réel problème d'isolement. De plus, lorsqu'on recense les projets que nous présente la littérature en éducation artistique, j'ai l'impression que plusieurs explorent déjà de nouveaux territoires, mais ce n'est malheureusement pas le cas de la majorité. Il existe des contextes privilégiés, favorables à l'expérimentation de projets de collaboration. Cependant, j'ai plutôt rencontré une majorité silencieuse qui survit dans un contexte scolaire qui offre peu de moyens aux enseignants et aux élèves pour mettre en place de nouveaux agencements. Je ne peux aucunement prétendre que cette énumération de différents types d'isolements soit exhaustive, mais je crois qu'ils sont les principales causes générant une multitude de barrières qui diminuent nos possibilités de circuler et de voyager dans le milieu scolaire. Cette recherche ne s'attardera pas à classer, par ordre d'importance, les causes de cet isolement, mais seulement à les identifier :

- La dynamique de classe au secondaire ne favorise pas l'échange. Les élèves ont peur de dire à haute voix leurs opinions, de poser des questions, de dévoiler leur personnalité, de confronter leurs intérêts et de faire référence à leur vie à l'extérieur de l'école. Ils adoptent le silence par peur d'être ridiculisés par leurs camarades ou par leur enseignant.

- Le rôle de l'élève à l'école est de recevoir la connaissance de l'enseignant. Pour certains enseignants ou directions d'écoles, l'élève n'est pas perçu comme un individu ayant des ressources pertinentes pour nourrir le contenu des cours. Le professeur est ainsi le seul à détenir le savoir et la vérité. Comme le mentionne Gauthier : « l'élève est la plupart du temps considéré uniquement comme le simple récepteur des informations transmises par l'enseignant » (1997, p.105).

- Un enseignant passe un an avec ses élèves ; il les voit une ou deux fois par semaine et, malgré cela, il a peu de chances d'échanger avec eux afin de découvrir leurs intérêts personnels, leurs opinions sur différents sujets, leurs forces et faiblesses dans d'autres domaines, leurs milieux culturels et familiaux. Le manque de temps et le trop grand nombre d'élèves dans les classes sont des facteurs importants à prendre en considération, mais ne sont pas les seuls responsables du fait que l'approche traditionnelle ne favorise pas les échanges.

• Plusieurs enseignants en arts plastiques sont seuls à dispenser cette discipline dans leur école. De plus, débordés de travail, ils ont peu d'échanges avec leurs collègues des autres disciplines, en ce qui concerne la pédagogie ou les stratégies d'enseignement. Les journées pédagogiques et les périodes libres, moments possibles d'échange et de communication pour réfléchir ensemble, sont de plus en plus réduites en nombre et en durée. Cette situation est généralisée en Amérique du Nord :

> In most cases, there is only one art teacher in a school, and this creates a kind of artistic isolation. Most of the art teachers did not know each other or know each other's art teaching processes (White-Travanti, 1991, p. 153).

• Rares sont les forums de discussion consacrés à l'échange et à la confrontation des opinions entre les élèves. Les enseignants favorisent plutôt l'exposé oral, exercice qui permet plus facilement que le forum d'évaluer l'acquisition de certaines connaissances. Dans ce contexte, l'élève a peu de chances de développer un discours et une pensée critiques.

• La majorité des réalisations dans les cours d'arts plastiques sont individuelles. Les réalisations collectives, en équipe, ou à deux sont exceptionnelles. De plus, lorsque l'élève réalise un travail, il a peu de chances de le présenter à ses camarades. Souvent l'étape du *Voir* [2] n'est pas effectuée à cause d'un manque de temps ou d'intérêt de l'enseignant.

• Il y a peu d'interdisciplinarité dans les écoles ; les matières sont emmurées dans les classes. Même les enseignants d'une même discipline ont peu de projets communs.

• L'enseignement des arts plastiques est, à maints endroits, perçu par la direction et les enseignants comme une discipline subalterne qui, de plus, dérange les habitudes et les valeurs de plusieurs. Ces préjugés renforcent les frontières existantes entre l'enseignement des arts et le milieu scolaire.

• La majorité des parents sont exclus de l'école et, plus particulièrement, de la classe. L'enseignant fait rarement appel aux parents comme personnes ressources détenant des connaissances et des compétences reliées au contenu des cours. L'enseignant les sollicite lorsqu'il a un problème avec leur enfant et se rend alors disponible pour les rencontrer et en discuter. C'est, la plupart du temps, le seul contact entre eux.

• Il y a peu de projets en collaboration avec les organisations ou les individus de la communauté environnante. De la même manière, les ressources physiques et humaines disponibles dans la communauté sont rarement mises à contribution dans l'élaboration du contenu des cours.

• Les outils de communication dans les écoles, tels que le téléphone, le télécopieur ou le courrier électronique, ne sont pas toujours faciles d'accès et efficaces. Malgré le passage à l'ère des communications, il est compliqué d'échanger avec l'extérieur sans que cela ne devienne un exercice de patience. De plus en plus, les écoles d'aujourd'hui sont des forteresses bien protégées : caméra vidéo, gardien de sécurité et accès sur rendez-vous ne facilitent aucunement l'échange avec l'environnement.

De prime abord, ces observations peuvent être perçues comme un constat d'échec du système scolaire, mais ce n'est pas ce que je désire faire ressortir. Il est important de prendre conscience que, premièrement, ces situations ne se retrouvent pas dans toutes les écoles et que, deuxièmement, lorsqu'elles sont présentes, elles le sont à divers degrés. Sans vouloir être alarmiste, il y a quand même un problème d'isolement, confirmé par plusieurs de mes collègues, enseignants en arts plastiques :

Dans les écoles traditionnelles, on constate la compartimentation du temps, de l'espace, des démarches, des disciplines et des techniques. La rigidité de l'horaire, la succession rapide des périodes et des matières scolaires se combinent à la distribution cartésienne des locaux, des élèves et du mobilier (Richard, 1996, p.86).

Il est certain que la notion de communauté et ses valeurs intrinsèques sont valorisées par le milieu scolaire, mais elles cèdent lentement aux préoccupations actuelles : l'augmentation ou la diminution de la clientèle, la valorisation de certaines disciplines de base au détriment de d'autres, l'importance des statistiques et de l'image de l'école dans les médias. Ces préoccupations, jumelées à la diminution du pouvoir décisionnel des enseignants en arts plastiques, font de plus en plus croire que l'école est un circuit fermé, rempli d'embûches, qui oblige les enseignants à faire demi-tour et même, pour certains, à abandonner leur quête, celle d'élaborer des projets pédagogiques qui favorisent l'émergence de réseaux et de rhizomes.

C'est dans l'espoir de dégager et d'élaborer les grandes lignes d'une approche pédagogique qui favoriserait, dans les écoles, des circuits d'échanges créant des liens entre les élèves, les enseignants, la direction d'école, les parents et la communauté que je chercherai, en premier, à définir deux structures réticulaires : le réseau et le rhizome. La connaissance de celles-ci est essentielle pour envisager un enseignement artistique qui favorise la circulation, l'hétérogénéité et les connexions.

La réticulation : une réponse à l'isolement

Le réseau et le rhizome sont deux types de structures réticulaires constituées de lignes, de croisements, d'intersections, de points, de nœuds et d'entre-nœuds qui se déploient dans l'espace. Nous les étudierons dans le dessein d'en voir émerger des agencements qui éclaireront l'enseignement des arts plastiques. Le désir, tel que l'entendent Deleuze et Guattari (1980), sera l'énergie, le propulseur qui me permettra de tirer des lignes, de nouer des nœuds, de combiner des affinités et des incompatibilités, pour permettre l'apparition de pistes de réflexion sur ce que devrait être actuellement un enseignement artistique qui ne génère pas l'isolement. Ces deux types d'organisation réticulaires se retrouvent dans le milieu scolaire et jouent un rôle important dans la mise en œuvre d'un enseignement qui laisse place à un projet éducatif ouvert à l'autre et à son environnement. De plus, je crois que la présence de ces deux géométries dans la vie scolaire facilitera les apprentissages de l'élève, développera son intérêt pour l'enseignement des arts et permettra aux enseignants d'être continuellement alimentés par des flux d'informations provenant de diverses sources. Mon expérience comme enseignant, fondée sur le perpétuel désir de connecter des lieux, des individus, des idées, des expériences, permet d'arrimer ces concepts théoriques à la réalité quotidienne de l'enseignant en arts plastiques au Québec. Je crois fondamentalement que l'étude de ces organisations réticulaires et leur mise en parallèle avec l'enseignement artistique offrent plusieurs pistes de solution pour briser l'isolement, et ainsi, réactiver la circulation des connaissances, des biens et des individus.

Tout en respectant le potentiel du réseau, je privilégierai l'étude du rhizome. Plusieurs raisons sont à l'origine de ce parti pris : je présenterai plus précisément la source qui alimente cette position dans le troisième chapitre. Il est certain que le rhizome et ses connexions hétérogènes ont une plus grande capacité à générer du sens et à susciter la surprise et l'étonnement chez les élèves. Ces connexions nous déstabilisent et remettent en question certains acquis sur notre univers et la perception que nous en avons. Cette déstabilisation[3] semble pour moi un des éléments essentiels dans le processus d'acquisition de connaissances ou de savoir-faire. La pédagogie rhizomatique valorise cet état temporaire d'incertitude, en préconisant l'utilisation de connexions ou d'agencements qui réunissent des idées, des individus ou des savoirs qui ont habituellement peu de liens communs. Le réseau, le rhizome, et leurs principes de circulation, de connexion, de non-hiérarchie et d'hétérogénéité, me permettra d'entreprendre l'agencement d'une série de nœuds iconiques, pour réfléchir sur le problème de l'isolement dans le monde de l'éducation, sans toutefois prétendre fabriquer un modèle ou un mode d'emploi à toute épreuve.

Aux chapitres I et II, je parcours le sens et les origines des termes réseau et rhizome, pour en retenir les spécificités et identifier ce qui les distingue. Dès maintenant, je peux avancer que la principale différence entre ces deux termes provient du type de connexion qu'ils favorisent. Le réseau relie des points de même nature, c'est-à-dire homogènes, et le rhizome, quant à lui, prend forme par des connexions hétérogènes et homogènes. Leur relation n'en est pas une d'opposition mais plutôt de coexistence dans un même espace, ce qui implique une possible connexion entre certains de leurs pôles.

Le réseau et le rhizome en éducation : état de la question

Plusieurs chercheurs sont en quête d'une pédagogie qui répondrait à leur vision de ce que devrait être l'éducation artistique. De ce nombre, peu se sont attardés, comme référence principale, aux notions de réseau et de rhizome. En ce qui concerne le réseau, plusieurs pédagogues le préconisent et même l'intègrent à une étape de leurs recherches mais sans jamais l'utiliser comme concept fondamental à l'élaboration de leur pédagogie. Cependant, suite à mon investigation, j'ai découvert quelques exceptions. En France, de 1970 à 1984, il y a eu un engouement pour le concept de réseau pour « penser l'éducation ». Le pédagogue Illich (1924) en est le précurseur. Suite à ses ateliers, ses allocutions et ses écrits, certains Français, tels que Heber-Suffrin (1988), entreprirent d'expérimenter ses théories sur le terrain. Par contre, en Amérique, le terme réseau est presque toujours associé aux nouvelles technologies et à la notion de réseau qui réunit des institutions comme, par exemple, le réseau des Universités du Québec. L'intérêt des Américains pour le multiculturalisme, l'interdisciplinarité et le rôle social de l'enseignement des arts a fait émerger quelques approches, telles que le « Community Based Art Education », qui intègre le plus le concept de réseau à l'éducation. En ce qui concerne le rhizome (Deleuze et Guattari, 1976), ce concept a été très peu exploité dans le domaine de l'éducation. Au Québec, en 1989, Clermont Gauthier, auteur de *Fragments et résidus 2. Deleuze éducateur* (1989) a certainement été un des premiers à voir le potentiel de la pensée de Gilles Deleuze et de Félix Guattari pour nourrir sa réflexion sur ce que devrait être l'enseignement. Par la suite, Moniques Richard (1994) a entrepris, au début des années 90, un doctorat en éducation artistique dont l'un des objectifs était de mettre en oeuvre une pédagogie nomade inspirée de ces mêmes auteurs. Quelques autres chercheurs, tels que David Sherman (1998, p.111), ont aussi employé ces mêmes références mais dans des domaines connexes à l'éducation artistique. Sherman s'est plutôt attardé à développer une pédagogie culturelle dans un contexte postmoderne.

Actuellement, nous assistons à une émergence de recherches en éducation qui intègrent les principes définissant la postmodernité pour l'élaboration d'une multitude d'approches, de modèles et de pédagogies. Plusieurs attributs de la postmodernité sont présents dans les écrits des auteurs auxquels je fais référence dans cette amorce d'une pédagogie rhizomatique. Malgré plusieurs affinités entre la pédagogie rhizomatique et une pédagogie dite postmoderne, je limiterai cette recherche à la théorie qui aborde directement les concepts de réseau et de rhizome.

Approche méthodologique

Depuis 1992, j'ai pris conscience du problème de l'isolement dans les écoles, en développant intuitivement des projets rhizomatiques dans le milieu scolaire. Au même moment, je découvrais les écrits de Deleuze et Guattari tout en terminant mes études en éducation artistique. Cette superposition d'événements a fait émerger une recherche constituée de carrefours où se croisent des données multiples : textes, images, expériences pédagogiques et artistiques. Cette multiplicité hétérogène rend difficile l'identification de mes particularités et de préciser ce que j'apporte à cette circulation des savoirs et de savoir-faire en enseignement des arts ; cependant, il est certain que je désire arrimer la pensée deleuzienne à ma pratique en éducation artistique. Destiné aux enseignants en arts plastiques, ce mémoire fait appel à des textes philosophiques, à des concepts théoriques, à des approches pédagogiques provenant de divers pays, à des expériences personnelles en enseignement, au travail des enseignants du Québec, et à ma pratique artistique, pour l'amorce d'une pédagogie rhizomatique.

Étant donné que mon cadre conceptuel et mes projets pédagogiques sont intrinsèquement hybrides, j'en suis arrivé à agencer un collage méthodologique. Depuis plusieurs années j'incarne différents rôles : ceux de praticien, pédagogue, artiste et théoricien. Ils m'amènent tout naturellement à prendre conscience que mes projets et nos réflexions sont nés, ont pris forme et se sont formalisés dans un processus d'agencement de points de vue provenant d'axes multiples. Je pourrais énoncer, dès maintenant, qu'un de mes intérêts principaux dans cette entreprise est l'étude des agencements qui génèrent du sens et des situations inédites.

Il m'est impossible de classer chronologiquement les différentes constituantes de ce mémoire. Quel aurait été le premier déclencheur ? Mon enseignement, ma pratique artistique ou mes lectures ? Est-ce une recherche qui désire analyser une pratique ? Est-ce une recherche qui intègre certaines idées avancées par des pédagogues quant à l'enseignement des arts plastiques ? Est-ce une recherche où la pratique artistique déborde de ses frontières pour envahir l'enseignement ? Est-ce une recherche qui tente seulement de résoudre un problème, celui de l'isolement ? Ces questions sont le témoin d'une approche qualitative qui accepte l'errance et les croisements entre les multiples strates qui constituent ma vie.

Cette recherche se métamorphose en réseau ou en rhizome, où circulent des connaissances et des expériences qui, à certains moments, forment des nœuds d'où émergent des propositions et des hypothèses. Cette structure abolit les rapports hiérarchiques entre la théorie et la pratique. Le chercheur et l'enseignant doivent travailler en complémentarité, car « la pratique de penser la pratique, est la meilleure façon de penser juste » (Costa et Pereira, 1994, p. 142). Le chercheur ne peut pas dicter à l'enseignant l'action qu'il devrait entreprendre et inversement, l'enseignant n'est pas le détenteur de la vérité.

Lorsqu'on désynchronise et déhiérarchise une recherche, nous repoussons, sans la nier complètement, une approche scientifique, en quête d'une vision objective et de résultats universels. La méthodologie est en soi un ensemble de méthodes, dans un secteur d'activité précis, désignant une démarche scientifique (Legendre, 1993). Elle propose alors une relation logique qui structure ou systématise une façon de faire. L'adoption d'une méthodologie mixte m'a permis d'éviter une possible coagulation de la pensée. J'ai utilisé plusieurs méthodologies pour répondre adéquatement à l'analyse des différentes étapes et sujets que contient ce mémoire. La faiblesse d'une méthodologie se jumelait aux forces d'une autre. René Payant, historien d'art, énonçait que chaque œuvre d'art propose la méthode d'analyse que le chercheur doit utiliser pour la parcourir. Chaque situation, ou chacun des sujets, fait appel à un type précis de méthodologie pour l'observer, l'analyser et saisir pleinement sa portée.

Mon obsession pour l'étymologie m'a d'abord mené vers une analyse conceptuelle, où les références théoriques proviennent de différents champs disciplinaires et traversent différentes époques. À cette recherche de nature plus fondamentale s'est jointe une recherche appliquée, où il s'agissait de solutionner le problème de l'isolement par la mise en œuvre de la classe-réseau. Des concepts théoriques identifiés, j'ai dégagé les déterminants principaux pour analyser, par agencement, les données recueillies lors de l'observation de mes projets en éducation artistique.

Ce mémoire débute, aux Chapitres I et II, avec l'énoncé des prémisses théoriques, la définition des concepts principaux et leurs liens à l'éducation. Il se poursuit, au Chapitre III, par la proposition d'une pédagogie rhizomatique qui inclut le concept de classe-réseau. Il se termine, au Chapitre IV, par la présentation de mes projets pédagogiques, à caractère rhizomatique. Cette séquence semble aller de soi, car la théorie reste, pour moi, un prérequis, une lunette indispensable pour analyser la pratique.

CHAPITRE I

LE RÉSEAU

L'accumulation inouïe de significations du réseau, à un point qu'actuellement « tout est réseautique » (Musso, 1997), nous oblige, dans ce chapitre, à proposer une généalogie du concept de réseau. Nous circulerons chronologiquement du domaine du textile jusqu'aux télécommunications, en passant par la pensée saint-simonienne. Nous terminons ce chapitre par l'appropriation du concept de réseau, en France et aux États-Unis, par le milieu de l'éducation.

1.1 Généalogie du réseau, concept à géométries multiples

À chaque fois que le concept de réseau est soulevé dans un nouvel espace de réflexion, il est généralement associé au concept de progrès. Il semble qu'à chaque fois que ce concept se retrouve dans un nouveau champ d'étude, il y soit investi d'une nouvelle strate de sens. Le plus fascinant du réseau, c'est que, même délimité sur un territoire, il continue à générer de nouvelles significations. D'un relais à un autre, le concept de réseau s'adapte pour répondre à des besoins spécifiques, en se métamorphosant. Cette malléabilité lui confère un certain don d'ubiquité. Que peut bien comporter ce concept pour qu'il soit, encore aujourd'hui, si présent, même indispensable pour définir notre société contemporaine? À quel besoin répond-il? Dans de but de tenter de répondre à ces questions, voici un parcours étymologique du concept de réseau.

1.1.1 Le réseau que l'on tisse

Plusieurs parcours sont possibles pour tracer la genèse de ce concept, mais tous nous ramènent au domaine du textile. Le mot réseau provient étymologiquement du latin *retis* (filet) et, pendant vingt siècles, de l'Antiquité jusqu'au XVIIe siècle, il signifiait un filet, un ouvrage formé d'un entrelacement régulier de fils. Dès le début, il désignait un objet de capture : un filet de pêche ou de chasse. L'expression « tendre un réseau » est apparue dans la langue populaire quelque temps après. Par la suite, ce mot était associé à un filet pour les cheveux, à un soutien-gorge et à un petit sac à main. Les réseaux, objets fabriqués par une technique de tressage, étaient appréciés pour leurs capacités de rétention et de perméabilité.

1.1.2   Les réseaux que l'on observe

À partir du XVIIe siècle, le terme réseau est de plus en plus utilisé pour définir les structures naturelles et l'organisme humain. Il sort du domaine textile et pénètre le corps humain. Il devient rapidement un concept appliqué à l'analyse de l'organisme humain. Marcello Malpighile (1628-1694) est le premier médecin à utiliser métaphoriquement le mot réseau pour décrire le fonctionnement de l'organisme. Par la suite, les recherches de Magendie sur le système nerveux confirment que le réseau est à la fois un ensemble de liens et une machine circulatoire au service de la vie du corps de l'homme : « Le corps se compose de multiples fils jetés de l'intérieur vers des points de sa surface constituant un réseau qui se forme, s'accroît, s'étend. » (Diderot, 1980, p.314). L'image de la peau comme réseau semble encore bien près de celle du filet. Notre peau détiendrait toutes les caractéristiques du réseau, elle est le lien entre l'intérieur et l'extérieur qui, tout à la fois, retient et absorbe les flux par la transpiration, tel un filet qui laisserait passer les fluides et qui capturerait les solides.

Suite à l'appropriation du réseau par les médecins, les chimistes l'investissent à leur tour pour définir la cohésion de la matière. Au tournant du XVIIIe siècle, nous voyons apparaître, « avec Lavoisier, la véritable science de la liaison et de la communication des substances » (Parrochia, 1993, p.21). Le chimiste et célèbre minéralogiste Haüy (1743-1822) est le premier à définir la structure réticulaire des cristaux en développant une théorie des réseaux cristallographiques (Parrochia, 1993, p. 21). Comme l'a écrit Dagognet dans son livre *Écriture et iconographie*, Haüy a « ouvert la voie à une science généralisée des formes et des réseaux » (1973). La science scrute et observe la matière et, petit à petit, découvre que sa cohésion est une question de figuration. La matière prend forme par la répétition d'un motif qui se déploie en trois directions, composant ainsi une structure régulière. De la fumée jusqu'au cristal, toutes les matières ont leur propre architecture en réseau. Ce qui était perçu comme chaotique est, de plus en plus, identifié comme une structure en réseau. Les médecins organisent le corps et les chimistes structurent la matière. Ces scientifiques observent et découvrent des systèmes fermés ou ouverts qui, à certains moments, favorisent la circulation tout en étant des agents de cohésion.

1.1.3 Le réseau que l'on construit

Au début du XIXe siècle, suite à l'observation de réseaux naturels dans un laboratoire de l'École de médecine, il n'y avait qu'un pas à franchir pour imaginer, par analogie, la construction de réseaux . Passant du naturel à l'artificiel, le réseau devenait une technique de circulation des flux. À partir de l'observation médicale, les ingénieurs ont conçu et construit des réseaux comme un mode de régulation. Ces ingénieurs sont les précurseurs d'une organisation du territoire en terme de réseaux. Ils ont élaboré le concept du réseau comme « artefact superposé sur un territoire et l'anamorphosant comme structure artificielle d'aménagement de l'espace et du temps » (Musso, 1997, p.31). Les premiers réseaux ont été construits par des ingénieurs militaires lorsqu'ils élaboraient de nouvelles techniques de fortification, de surveillance et de défense du territoire.

Jusqu'à la fin du XVIIIe siècle, on retrouvait peu de routes en France : chaque région ou bourg entendait demeurer autonome; aucun ne désirait être en contact direct avec ses voisins perçus comme de potentiels envahisseurs. Cette crainte prend peut-être son origine du temps où presque toute l'Europe était organisée en réseaux par les Romains. En effet, ces derniers avaient construit des réseaux, routier, postal et d'aqueduc très efficaces, plusieurs siècles auparavant. Les réseaux routier et postal leurs garantissaient le contrôle des terres acquises. La circulation des biens et des informations était une des conditions de la survie de l'Empire. Suite à la Révolution française, la construction massive de routes fut mise en chantier pour créer un réseau routier couvrant tout le territoire français. Un trajet qui demandait dix jours, vers les années 1780, en prenait seulement un, cinquante ans plus tard. Le réseau permit à l'État de se centraliser et d'étendre rapidement ses lois à tout le pays. L'État et l'écrit ne faisaient qu'un : ce premier se faisait obéir à distance par voie écrite, « l'universalité de la loi étant impensable sans l'impression, impraticable sans paperasse » (Debray, 1997, p.21). La mise en place de ces routes en France était sous la responsabilité de l'*Académie des inscriptions et belles-lettres* et de *l'École des ponts et chaussées*. Ce tandem avait comme but commun de nationaliser la langue française. De nouveaux chemins étaient construits à la campagne pour faciliter l'accès aux écoles. Les paysans pouvaient enfin apprendre la langue officielle, afin de lire les instructions dispensées par l'État. Le patois régnait là où se terminaient les voies de communication ; plus on s'éloignait des routes, plus le français cédait la place aux multiples dialectes. Le réseau routier français, outil d'homogénéisation de la langue, est une organisation réticulaire qui facilite la circulation tout en permettant un plus grand contrôle du peuple par l'État.

Au moment même où des centaines de routes se construisaient, un réseau postal se développait. Une multitude de relais en connexion facilitaient la circulation du courrier. C'était le début de l'ère des communications telle qu'on la connaît aujourd'hui, l'apparition du premier système permettant une circulation rapide de l'information entre plusieurs personnes sur un grand territoire. À ces réseaux vint s'ajouter celui des eaux et de son assainissement. Dès le début, les ingénieurs hydrauliciens utilisèrent le terme réseau pour définir le système d'aqueduc. Le nombre et les types de réseaux jouirent d'une expansion fulgurante : chemins de fer, tramways, autobus, réseaux de gaz, d'éclairage public, d'air comprimé, de chauffage urbain.

La construction de tous ces réseaux a comme configuration le modèle de l'arbre : un tronc central qui se divise en ramifications secondaires. Suite au développement des techniques qui permirent l'expansion de ces réseaux, le modèle de l'arbre devint le point de départ pour l'élaboration du concept de réseau par Saint-Simon.

1.1.4 Le réseau de Saint-Simon

Parallèlement à ces constructions, le concept de réseau s'élabore entre 1760 et 1820 dans l'œuvre de Claude-Henri de Saint-Simon. Il réalise un travail d'extraction, c'est-à-dire d'abstraction de l'objet « réseau » qu'il avait observé dans l'organisme, avec le coup d'oeil du médecin-ingénieur, pour lui donner une autonomie conceptuelle et symbolique. À la charnière de deux siècles, où s'épuise la figure dominante de la rationalité basée sur l'arbre et où émerge celle de l'organisme-réseau, Saint-Simon participe à la construction et à la formalisation de cette nouvelle figure du réseau et à sa traduction en un concept. Saint-Simon devait « s'extraire de la représentation dominante de l'arbre en contribuant à l'invention du paradigme du réseau qu'il identifie à l'antihiérarchie » (Musso, 1997, p.40). Il se voit comme ingénieur de la transition sociale. Il assure le passage du « savoir-voir », des réseaux naturels du médecin, à celui du savoir-faire des réseaux artificiels de l'ingénieur, pour ensuite en extraire le concept moderne de réseau et en faire un outil théorique. Saint-Simon emprunte aux médecins leur outil d'observation du corps humain pour forger un concept et concevoir la transition, le passage et le changement social. Il développe ce concept pour penser le passage social entre deux systèmes politiques, de la monarchie à la démocratie. Pour lui, la réalisation sans fin de réseaux de circulation des flux équivaut à la construction concrète d'une nouvelle société, où le corps physique sert de modèle au corps social et politique.

Quatre éléments définissent les réseaux de Saint-Simon : la quantité de liaisons, la diversité de ces liaisons, la multiplicité de leurs directions et les interconnexions qui rendent possible la circulation de flux divers. Plus le réseau sera constitué de ces quatre éléments, plus performant et même intelligent il deviendra. Cette logique organique saint-simonienne implique que, plus la structure d'un corps est complexe et plus son organisation est sophistiquée, plus son action sur l'environnement sera grande. Le concept de capacité (Musso, 1997, p.94) est un point nodal de la théorie de Saint-Simon. Il est employé au sens de conduit ou de canal associé à un potentiel de circulation d'un liquide. Le réseau est un instrument de passage ayant une aptitude et une capacité de faire circuler.

La domination du concept de réseau au XIXe siècle résulte de sa polysémie, dont la vertu principale est de rendre équivalents le progrès technique et le changement social. Pour Saint-Simon, le concept instaure une promesse de changement social car le réseau est, en soi, démocratique. Pour atteindre cette démocratie, il est prioritaire de rétablir le mouvement incessant et non la centralisation, la dynamique et non l'inertie, la relation et non la chose. C'est à partir de ce moment que le réseau acquiert une connotation positive : il signifie la libre circulation et la libre communication.

Après une pratique et un apprentissage des réseaux, le parcours théorique de Saint-Simon va du scientifique à l'idéologique, en passant par le politique. Le réseau devient, à la fin de sa vie, une méta-liaison. Il développe une sorte de religion « rationnelle » (Musso, 1997, p.67), contemporaine de la Révolution, une religion des réseaux, sorte de tautologie du lien social et fondement de la religion de la communication. La continuité de cette pensée a été prise en main par plusieurs disciples, dont Chevalier ; leur travail a permis au réseau de ne plus seulement être un concept opératoire, mais aussi un vecteur d'une philosophie et même d'une mystique de la communication généralisée.

1.1.5 Les réseaux de communication

Communication et réseau furent presque automatiquement associés, car tous deux étaient définis chacun de leur côté comme une science de la liaison. Des réseaux qui structurent la matière, à ceux qui sillonnent le territoire, les réseaux arpentent maintenant la stroposphère, la stratosphère, la mésosphère et, plus loin encore, nous retrouvons un réseau de satellites. Cette expansion fulgurante des réseaux de communication commença par le télégraphe (1842), suivi du téléphone (1870), de la radio (1901), de la télévision (1925) et du réseau Internet (1963). L'augmentation du nombre et de la capacité des réseaux était associée, au début du XIXe siècle, à l'amélioration de la communication par la réduction des distances. Ces réseaux techniques de communication, garants de la démocratie, étaient les fondements de l'élaboration d'une religion communicationnelle contemporaine.

Depuis l'arrivée des réseaux virtuels, le réseau, tel qu'on le connaissait, s'éloigne du territoire ; il apparaît de plus en plus abstrait et complexe. Une dématérialisation des réseaux de communication se profile avec les techniques numériques et leur exploitation informatique. Ces réseaux virtuels, fuyant une mise en structure statique, conservent comme modèle celui du corps et, plus particulièrement, celui du cerveau. Cette image initiale du cerveau se transpose dans le monde du cyberespace, en une mise en réseau d'ordinateurs et de processeurs, où la vitesse de connectivité de bits d'information détermine le niveau de sophistication de la communication. L'intelligence du réseau se qualifie alors par ses possibilités de connexions avec le plus grand nombre de points et par la variété des rencontres. Le cyberespace demeure un réseau technique homogène ; il ne met en lien que l'information qui circule sous la forme d'agencements binaires. De plus, tel que le réseau routier français, il est aussi un outil d'homogénéisation de la langue, l'anglais étant presque exclusivement utilisé dans ce réseau virtuel. Cette nouvelle réalité n'existe que par l'entremise d'interfaces qui interprètent notre environnement pour le transcoder en un langage informatique. Mais la potentialité du réseau virtuel est en évolution ; chaque découverte technologique et scientifique modifie la chimie qui constitue ce nouvel espace de la réalité. Un jour, nous pourrons numériser les odeurs : un troisième sens viendra alors s'ajouter à ce monde virtuel pour augmenter le potentiel de connexion et permettre des configurations nouvelles.

L'activité est bouillonnante dans presque tous les champs d'étude autour du concept de réseau, mais plus particulièrement dans le domaine des arts médiatiques. Artistes, scientifiques et techniciens collaborent pour augmenter la capacité des réseaux de télécommunication à construire et à manipuler la réalité. Ces réseaux sophistiqués, qui exigent des appareils de plus en plus performants, sont sans frontières. Toujours en quête de reproduire et même d'améliorer notre réalité, ils se développent rapidement, en augmentant à l'infini leur potentiel de connexions.

1.1.6 Le réseau, espace totalitaire ou unité du monde

Le concept du réseau est aujourd'hui un « sac à métaphores » (Musso, 1997, p.36) ; il est défini comme matière, non-matière, social, politique, scientifique et communicationnel. Il foisonne de sens jusqu'à en être encombré. Cette prolifération de significations remet en question la cohérence et la consistance de ce concept. Daniel Parrochia (1993) croit que la force d'invention du réseau est actuellement épuisée, sauf pour les discours commerciaux ou institutionnels. Le réseau semble avoir traversé les trois âges de la généalogie d'un concept, tels que distingués par Gilles Deleuze et Félix Guattari : sa production (encyclopédie), sa vulgarisation (pédagogie) et enfin sa commercialisation (1980). Il reste que, malgré l'abîme de sens généré par ce concept, il est possible de l'associer à deux écoles de pensée : l'une dénonçant le réseau comme outil d'homogénéisation, et l'autre comme une libération de la structure hiérarchique de l'arbre. La première est résumée par Parrochia :

> L'idée apparemment séduisante d'un univers-réseau risque bien d'être trompeuse : la société soit-disant mobile et flexible, réduite à ses flux migratoires, véhiculaires, énergétiques et informationnels conduit en fait à un espace complètement totalitaire (Parrochia, 1993, p.278).

En effet, plusieurs pistes nous laissent croire que le réseau, initialement conçu comme un moyen destiné à favoriser la pluralité, a un effet secondaire : celui de nous isoler. Le cyberespace semble l'exemple le plus juste pour appuyer cette dénonciation. Bien que le réseau virtuel permette à chacun de communiquer avec le monde entier, ses connexions ne sont aucunement aléatoires ; l'usager doit sélectionner le lieu et le sujet de la rencontre. Choisissant à la carte le lien qui répondra à son besoin, le voyageur risque peu d'être confronté à une réalité ou un monde extérieur à ses valeurs. Cette position confortable élimine presque toute possibilité de rencontre avec l'indésirable. Par exemple, un individu homophobe qui ne désire aucunement entendre un discours d'émancipation des homosexuels peut l'éviter facilement dans le cyberespace. Il y a lieu de se demander si le triomphe de l'imaginaire des réseaux de communication n'est devenu qu'un discours officiel des responsables politiques. Les grands réseaux sur lesquels repose le fonctionnement de nos sociétés sont pourtant des instruments de pouvoir de tout premier plan, et il est naturel de s'interroger sur les risques d'abus possibles et sur le type d'aliénation auxquels ils peuvent conduire. Selon Parochia, l'universel devrait plutôt être fondé sur la pluralité et non sur l'uniformité réductrice, un univers assurant l'épanouissement des acquis propres à chaque peuple, au lieu de les effacer et de les nier,

> un univers qui romprait avec la logique de globalité réductrice, de banalisation standardisée, un univers qui procéderait du *réenracinement* dans le local, et non de la négation obstinée de celui-ci (1993, p.279).

À l'opposé de cette dénonciation du réseau comme outil d'homogénéisation, le concept de réseau a eu comme effet bénéfique de nous libérer de la problématique de « l'arbre » et de sa logique hiérarchique. Le réseau favorise la circulation et la communication parce qu'il est antihiérarchique, ce qui lui permet d'offrir un support commun à des activités financières, sociales, administratives, commerciales, industrielles ou culturelles. Le réseau est plus qu'une simple famille de structures répétitives et mornes car

> l'observation et la mise en place de cette réticularité sous ses différentes formes, nous permet, peut-être de commencer à nous acclimater à cette idée d'une unité du monde, que la physique quantique, depuis son avènement, ne cesse de suggérer (Parrochia, 1993, p. 286).

L'organisation en réseau a élargi la palette des modèles disponibles pour analyser ou structurer notre univers. Situé à mi-chemin entre l'arbre et le rhizome, entre un ordre linéaire et hiérarchisé et une organisation aléatoire, horizontale et verticale, « Le réseau est plus que la machine, mais moins que le vivant, plus que le linéaire, mais moins que l'hypercomplexe » (Musso, 1997, p.41).

Nous retrouvons dans le réseau les notions antinomiques de circulation et de contrôle, un paradoxe générateur d'énergie, qui fait avancer et mouvoir ce concept vers de nouveaux territoires disciplinaires. La figure du réseau, toujours prête à s'inverser, de la circulation à la surveillance, ou de la surveillance à la circulation, réactive l'image du filet qui capture et laisse filer, qui retient et fait passer, qui trie solides et fluides. La métaphore du réseau est d'abord bicéphale : surveillance de la circulation et circulation de la surveillance.

J'ai abordé le réseau au premier chapitre car il est un relais essentiel pour saisir le rhizome, un concept plus complexe à cerner, mais aussi pour présenter quelques situations où des enseignants, des pédagogues s'inspirent du réseau pour penser et agir en éducation.

1.2   L'appropriation du réseau par le milieu de l'éducation

Le concept de réseau est actuellement perçu et présenté dans plusieurs champs disciplinaires, incluant l'éducation, comme une structure idéale pour remédier aux notions de spécialisation et de hiérarchie, associées à la modernité. Il est devenu la métaphore de la démocratisation de l'enseignement, dû à son potentiel de connexion, de circulation et d'échange de connaissances. L'apparition de nouveaux moyens de communication, plus particulièrement l'Internet ont permis la mise en place de nouveaux types de réseaux scolaire. L'éducation et le réseau sont jumelés dans le but de répondre à certaines problématiques dans les écoles (Lévy,1997). Pour plusieurs intervenants scolaires, ce croisement est innovateur mais, suite à quelques recherches, j'ai constaté que, dès les années soixante, Ivan Illich (1974) avait déjà fait des parallèles entre le réseau et l'éducation. Pour contrer une certaine amnésie associée au développement fulgurant des nouvelles technologies, je présenterai certaines recherches et pratiques qui associent le réseau à l'éducation, ayant émergé depuis les années cinquante. Je ne prétends aucunement à une énumération exhaustive ; il s'agit simplement de mentionner quelques points de repères qui ont capté mon attention.

1.2.1 L'école moderne ou active et les mouvements alternatifs

Au XVIIIe siècle, pour Rousseau, l'homme devient le point de départ, le moyen et la finalité de sa propre réflexion. L'enfant est désormais le centre (pédocentrisme) de référence de la pensée et de l'agir. De lui émerge une infinité de lignes qui vont se connecter à son environnement. Montaigne énonce, dès le XVIe siècle, que l'instruction est moins présente dans les livres que dans les relations humaines et l'observation de l'environnement. Les rapports, les contacts, les liens, les connexions avec l'extérieur ont nécessairement comme résultante de mettre en place des réseaux. Ces philosophes et premiers pédagogues sont les points d'appui principaux des fondateurs de l'école nouvelle et active (1950-1985). Lorsqu'on fait référence à l'éducation nouvelle, les noms de Maria Montessori, Ovide Decroly, Édouard Claparède, John Dewey, Roger Cousinet, Jean Piaget, Robert Dottrens et de plusieurs autres encore, font surface. Souvent, on inclut dans ce courant, non sans raison, l'école active d'Adolphe Ferrière et l'école moderne de Célestin Freinet. Plusieurs principes avancés par ces pédagogues s'infiltrent lentement dans le milieu de l'éducation et prennent leur essor vers les années soixante. Illich, Freinet, Lobrot, Neill, et tout particulièrement Rogers, cherchent à instaurer des modes de relation maître/élèves qui ne seront plus basés sur l'autorité exclusive du maître. Désormais, on parlera de développement maximal de chacun, d'une pédagogie qui respecte les intérêts de l'élève et d'une relation éducative entre enseignant et enseigné. Le pédagogue ou l'éducateur traditionaliste construit artificiellement le milieu : il élabore des programmes, des méthodes générales, et tente d'y adapter l'enfant. L'éducation nouvelle, quant à elle, part des besoins de l'enfant et organise le milieu de manière à ce que ses besoins puissent être satisfaits ; « il adapte le milieu à l'enfant » (Cousinet, 1968, p.102).

La plupart de ces pédagogues n'ont pas utilisé le terme de réseau, mais il est possible d'associer à leurs pensées certains principes spécifiques à ce concept. L'ouverture à la coéducation, c'est-à-dire à l'implication de la famille et de la communauté dans l'éducation de l'élève, et le nouveau rôle de l'enseignant, qui est maintenant perçu comme un « médiateur » (Chavanne, 1989, p.8) du savoir plutôt qu'un distributeur de connaissances, sont certainement des positions favorisant le développement de réseaux et même de rhizomes. La pédagogie nouvelle offre à l'enfant un *menu* varié, en n'agissant pas sur lui mais sur la richesse de son environnement. Le social, le politique, la communauté de l'enfant, les liens avec son environnement sont maintenant sources possibles de connaissance. L'école moderne place l'élève dans son environnement et lui demande d'agir. Il doit répondre à son désir d'apprendre en se déplaçant vers les sources de connaissance, c'est-à-dire en se connectant pour répondre à ses besoins. Cette nouvelle position de l'élève est particulièrement développée dans les écrits d'Ivan Illich.

1.2.2 Ivan Illich, précurseur

> Ce qu'il nous faut, ce sont des structures qui mettent les
> hommes en rapport les uns avec les autres et permettent, par
> là, à chacun, de se définir en apprenant et en contribuant à
> l'apprentissage (Illich, 1974, p.122).

Ivan Illich, pédagogue et écrivain viennois, fut le premier à
associer le terme réseau à celui de l'éducation pour ainsi
élaborer sa théorie institutionnelle. On retrouve dans *La
société sans école* (1974) un chapitre intitulé *Les réseaux du
savoir*, où l'on propose de concevoir l'enseignement
différemment, en s'inspirant du concept de réseau. L'intérêt
d'Illich à élaborer une école est à la fois politique et
économique. Il dénonce le système capitaliste et ses valeurs
qui ont comme objectif d'uniformiser l'école :

> D'un pays à un autre, qu'ils soient fascistes, démocratiques,
> socialistes, petits ou grands, riches ou pauvres, l'école a
> partout une structure semblable et se propose, sans que
> nous en ayons conscience, des objectifs comparables. Elle
> façonne un consommateur qui n'accordera bientôt plus de
> valeur qu'aux services rendus par les institutions. (Illich,
> 1974, p.126).

L'école et les programmes uniformisent aussi l'élève pour en
faire un citoyen conforme aux attentes de notre système
économique et politique. Toujours selon Illich, l'idée de scolarité
dissimule un programme :

> par lequel il s'agit d'initier le citoyen au mythe de l'efficacité
> bienveillante des bureaucraties éclairées par le savoir
> scientifique. Et, partout, l'élève en vient à croire qu'une
> production accrue est seule capable de conduire à une vie
> meilleure. Ainsi s'installe l'habitude de la consommation des
> biens et des services qui va à l'encontre de l'expression
> individuelle, qui aliène, qui conduit à reconnaître les
> classements et les hiérarchies imposées par les institutions. Il

inspire le développement de la production et les méthodes
utilisées pour parvenir au contrôle social (Illich, 1974, p.127).

Il est indispensable, pour Illich, de créer de nouveaux
rapports entre l'homme et son environnement pour que ceux-ci
soient sources d'éducation. Il s'agit d'offrir à celui qui veut
apprendre de nouveaux moyens d'entrer en contact avec le
monde pour ainsi lui donner accès aux ressources existantes.
La mise en place d'un nouveau type de réseau permettrait
d'agrandir et de multiplier les chances de chacun d'apprendre
et d'enseigner. Le réseau devrait :

> servir à répandre et faire entendre son opinion. Tout le
> contraire du réseau existant qui permet aux administrateurs -
> qu'ils soient hommes ou femmes politiques ou enseignants -
> de répandre sur tout leur continent leurs programmes
> supervisés par les institutions, et qu'eux-mêmes ou les
> bailleurs de fonds jugent bons pour le peuple. Cet exemple
> suffirait à montrer que l'on peut utiliser la technique à deux
> fins opposées : elle servirait tout aussi bien l'indépendance
> d'esprit et l'éducation, au lieu d'être l'instrument de l'emprise
> bureaucratique et de l'endoctrinement (Illich, 1974, p.131).

Le réseau permettrait la mise en place d'un véritable système
éducatif qui n'imposerait rien à celui qui s'instruit et qui lui
permettrait d'avoir accès à ce dont il aurait besoin. Il offrirait à
chacun la possibilité de choisir l'activité qui répondrait à ses
besoins éducatifs. Selon Illich, on pourrait, en fait, distinguer
trois compétences éducatives types : celle étant requise pour
créer et faire fonctionner les réseaux ; celle consistant à guider
étudiants et parents dans l'utilisation de ces réseaux ; puis
celle étant propre à accompagner les voyages d'exploration
intellectuelle dans le réseau. Cette approche nécessiterait un
personnel dont la fonction ressemblerait plus à celle de guide
de musée ou de bibliothécaire. Pour ceci, nous devons faire
confiance à un apprentissage des connaissances qui soit
l'affaire de chacun. Le pédagogue serait là pour juger des
progrès et pour aider au choix des livres et des méthodes
adaptés aux aptitudes, aux personnalités et au temps

disponible des élèves. C'est sur une estime mutuelle entre le maître et l'élève que se fonderaient ces rapports, un privilège pour l'un comme pour l'autre. Les administrateurs scolaires ne devraient pas être une présence encombrante ; ils auraient plutôt comme rôle de rendre accessibles à tous les ressources dont dispose l'école. L'enseignant, constructeur de réseaux, devrait avoir accès aux objets éducatifs. Selon Illich, il y a quatre conditions à respecter pour que les enseignants et les élèves aient libre accès aux instruments de l'enseignement et au partage de leurs connaissances :

- libérer l'accès aux connaissances en abolissant le contrôle que certains individus et institutions exercent sur eux ;

- libérer le partage des compétences en garantissant le droit à tous d'enseigner ;

- libérer les ressources créatrices et critiques des êtres humains en redonnant à la personne individuelle le pouvoir d'appeler à des réunions ;

- libérer l'individu de l'obligation de modeler ses espérances conformément aux services que peuvent lui offrir les professions établies.

Si ces changements avaient lieu, il serait alors possible d'imaginer que l'entonnoir scolastique serait remplacé par une trame d'échanges, rendant la pluralité du monde enfin visible par des communications multipliées. Illich voit dans le réseau une structure démocratique qui redonnerait accès à tous aux lieux et aux outils de la connaissance. Tel Saint-Simon, il investit ce concept comme moyen de transition d'un régime à un autre. Dénonçant la société capitaliste et sa scolarisation des masses, il cherche un modèle alternatif de l'homme et de la société. Ce qui différencie Saint-Simon d'Illich est le regard critique de ce dernier vis-à-vis du réseau : il est conscient du danger qu'un réseau se retrouve entre les mains du pouvoir qui pourrait le transformer en outil de contrôle.

La diffusion de la pensée d'Illich a été importante et s'est effectuée principalement par ses écrits. Quelques éducateurs et pédagogues français entreprirent par la suite de mettre sa pensée en pratique. Nous retrouvons parmi eux Claire et Marc Heber-Suffrin, qui ont entrepris et réalisé des réseaux dans leur communauté en s'inspirant du travail d'Illich.

1.2.3 Les réseaux de Claire et Marc Heber-Suffrin

> Les réseaux ne cherchent pas à intégrer, mais à « faire avec » les exclus, tels qu'ils sont. Ils sont contre, contre la normalisation. En effet, il ne s'agit pas d'exclure les immigrés ou de les normaliser aux coutumes et traditions françaises, mais d'échanger avec eux sur des moments de vie différents (Heber-Suffrin, 1988, p. 92).

Quelques pédagogues, philosophes ou sociologues ont réfléchi au concept de réseau, mais sans jamais donner de pistes pour leur mise en pratique. Suite aux événements de mai 1968, plusieurs expérimentations en éducation ont vu le jour en France. Plusieurs praticiens et théoriciens ont rejeté complètement le modèle et les valeurs éducatives traditionnelles en place. L'école normative, conventionnelle et surtout élitiste devait être remplacée par une école « moderne » où la pensée des intellectuels de différentes disciplines devenait un point de repère à l'élaboration d'une approche éducative axée sur les besoins de l'enfant. Cette remise en question du système a permis l'émergence d'écoles et de centres proposant un contexte novateur et même avant-gardiste. Parmi leurs fondateurs, certains se sont particulièrement intéressés à la notion de réseau comme structure de fonctionnement. Les réseaux mis en place par Claire et Marc Heber-Suffrin durant ces années sont de bons exemples de démocratisation des savoirs favorables à la circulation et aux échanges de connaissances dans une communauté. De l'ordre de la formation réciproque, leurs réseaux se sont concrétisés et ont été appliqués pendant quelques années. Préoccupés par l'amélioration de l'estime de soi et la valorisation de tous les types de savoirs, ils ont développé deux réseaux qui faisaient appel au partage des connaissances. Claire Heber-Suffrin mit en place un réseau à Orly, entre 1970 et 1976. Un deuxième, initié par Marc Heber-Suffrin, a pris place dans la ville d'Evry au début des années 80. Suite à ces expériences, ils publièrent *Appels aux intelligences - Les réseaux de formation réciproque*, dans lequel ils font état de leur expérience comme initiateurs de réseaux de formation réciproque.

Le premier réseau : Orly

Claire Heber-Suffrin, institutrice à l'école normale (niveau primaire) à Orly, s'intéressa à la notion de formation réciproque énoncée par Ivan Illich. Son intérêt pour la pensée d'Illich et ses observations du milieu scolaire lui permettaient d'affirmer que l'école valorisait certains savoirs au détriment d'autres. Le savoir, appréhendé sous un angle scolaire, était pour elle singulièrement restrictif : « il occulte tous les savoirs non homologués et, ce faisant, s'interdit lui-même à une grande partie de la société » (Heber-Suffrin, 1988, p. 104). Malgré le fait qu'ils détenaient plusieurs connaissances, ses élèves accumulaient des échecs scolaires. Selon elle, il devenait alors essentiel de valoriser leurs savoirs pour améliorer leur estime de soi, prérequis essentiel à l'acquisition de nouvelles connaissances. L'élève, habitué à recevoir une image négative de lui-même, ne se sent pas apte, ni assez intelligent, pour saisir des nouvelles données ; il renonce avant même d'avoir commencé. De plus, on ne peut fonder de nouvelles acquisitions dans le vide : il faut les amarrer sur des savoirs conscientisés par les élèves. Le moyen privilégié par Claire Heber-Suffrin pour qu'un élève prenne conscience de son savoir consistait à lui demander de transmettre celui-ci à ses collègues ou à quelqu'un de la communauté. Après avoir transmis son savoir, l'élève était disposé à recevoir celui d'un autre. Pour cette pédagogie, donner semble être un acte essentiel, en amont du processus d'acquisition de la connaissance.

Les liens qu'elle a établis avec la communauté environnante de l'école, dans le but de la faire participer à son projet éducatif, lui a permis de découvrir que ce processus ne s'adressait pas seulement aux élèves : il s'appliquait à tous les individus. À maintes reprises, elle demandait à des concitoyens de venir en classe transmettre leurs connaissances sur un sujet précis. L'implication des citoyens dans leur école avait comme effet de changer leurs opinions : l'école n'était plus un lieu fermé, accessible seulement à certaines personnes ayant les diplômes nécessaires. L'école d'Orly était redevenue un lieu où les familles et les citoyens étaient bienvenus. Claire Heber-Suffrin a réussi à créer un réseau d'échange entre la communauté, les parents et l'école. Son insistance à réclamer et demander la participation des parents et de la communauté a fait qu'au bout de quelque temps, elle jouait un rôle de lien dans la communauté, un rôle de « réseauteur »[4]. Des réseaux d'échanges de savoirs se sont créés entre l'école, les familles et la cité.

Le second réseau : Evry

En 1980, Marc Heber-Suffrin, adjoint au maire d'Evry et chargé des affaires sociales, proposa à la communauté une commission extra-municipale des affaires sociales qui étudierait différents moyens pour améliorer la situation des personnes défavorisées de sa ville. L'élaboration d'un réseau semblait être la solution privilégiée par cette commission. Un des objectifs du projet de « Réseaux d'échanges de savoirs » consistait à regrouper des personnes qui s'engageraient à échanger leurs connaissances. Cette mise en commun de savoirs et de savoir-faire disponibles pour la collectivité contribuerait à sa promotion et à son épanouissement. La réciprocité dans les échanges du savoir serait essentielle pour créer un réseau vivant. Par exemple, une personne sachant comment préparer un couscous pourrait offrir cette connaissance au réseau. Cette même personne, désireuse d'améliorer son français pour augmenter ses chances de décrocher un emploi, enverrait une demande dans le réseau pour combler ce besoin. Pour avoir accès au réseau, il serait obligatoire d'y offrir quelque chose.

Le réseau d'Evry débuta par la distribution d'une feuille qui recensait les offres et les demandes des savoirs des citoyens. Lentement, par le biais de la réciprocité, le réseau d'Evry s'est formé. Plusieurs types d'offres et de demandes ont circulé : menuiserie, couture, cuisine, comptabilité en sont quelques exemples. Ce réseau s'est lentement infiltré dans les écoles. Les réseaux d'Orly avaient essaimé de l'école vers la ville ; ceux d'Evry partaient de la ville pour entrer à l'école. Plus le nombre de participants augmentait, plus le réseau devait être organisé et structuré, mais sans jamais se rigidifier car il était primordial que la structure demeure souple. Plusieurs éléments positifs ont jailli de cette expérience, tels que la valorisation du tissu social, le développement de l'estime de soi et l'amélioration de la qualité de vie.

Les réseaux mis en place par Claire et Marc Heber-Suffrin mettent en valeur tous les types de savoirs, car tout individu sait quelque chose et tout ce qu'il sait peut être transmis à d'autres. La position de transmetteur engendre des rapports qui vont plus loin que les relations superficielles de voisinage et d'échanges de services : on apprend à se connaître, à se comprendre, à s'estimer. « Transmettre ses savoirs et ses savoir-faire, c'est se réapproprier le droit d'enseigner alors que notre société ne conçoit l'instruction qu'assurée par des spécialistes » (Heber-Suffrin, 1988, p. 136). Les principales caractéristiques identifiées pour qu'un réseau réciproque puisse s'épanouir sont : la diversité, l'adaptabilité, l'aspect non hiérarchique et la réciprocité.

Ces expériences témoignent de la théorie élaborée par Illich peut être mise en pratique pour ainsi atteindre certains objectifs. Alors que le réseau d'Illich est de l'ordre d'un acte politique destiné à combattre les méfaits d'une société industrialisée, celui de Claire Heber-Suffrin est plutôt de l'ordre d'une méthode pédagogique ayant comme objectif de favoriser l'acquisition de connaissances ; celui de Marc Heber-Suffrin est, pour sa part, plutôt un engagement social en vue d'améliorer la qualité de vie des citoyens d'une communauté. Tous deux ont adapté les propositions d'Illich pour répondre à leurs besoins et à leur contexte. Durant ces mêmes années, où ils mettaient en place leurs réseaux, une série d'expérimentations s'inspirant du concept de réseau avait lieu en France dans divers secteurs de l'éducation. Ce concept fut tellement populaire qu'un colloque sur le sujet eut lieu en 1986.

1.2.4 L'intérêt des pédagogues français vis-à-vis du réseau

L'intérêt grandissant des éducateurs français pour la notion de réseau, au début des années 80, permit la tenue d'un colloque (Ferrero, 1986) traitant de l'éducation et de ses réseaux. À Paris, les 20 et 21 octobre 1986, le Groupe de Recherche sur l'individualisation de la formation (GRINGE), composé de chercheurs permanents de l'Institut National de Recherche Pédagogique (INRP), réunissait cent soixante-sept personnes. Instituteurs, philosophes et administrateurs ont échangé sur leurs approches théoriques concernant les réseaux humains de communication et sur les applications pratiques de l'usage pédagogique de ces dispositifs. Ce colloque fut un lieu de débat entre praticiens et théoriciens, démontrant que l'action peut être liée à la théorisation. Ne pouvant inclure dans ce mémoire le résumé de toutes les allocutions de ce colloque, j'ai alors retenu celles qui nous semblaient les plus pertinentes à l'élaboration d'une pédagogie rhizomatique.

> *Le Réseau, structure de communication*
> par Jean-Charles Rocco

Rocco nous présente sa réflexion sur le potentiel éducatif d'un réseau. Son utilisation dans plusieurs champs est intimement reliée au développement des nouvelles technologies de communication. Les réseaux virtuels ou humains fonctionnent comme un champ opératoire : ils sont le support et le catalyseur de la rencontre d'une myriade d'esprits au service l'un de l'autre. Avec le réseau :

l'homme quitte progressivement l'espace cartésien et perd du même coup sa situation référentielle. Mais il gagne d'autres statuts liés à la possibilité de se déplacer dans le nouvel espace/temps d'un Réseau à géométrie variable et à horizon mobile, à la vitesse de la lumière de son esprit, par d'incessants allers-retours de l'infiniment petit à l'infiniment grand (Rocco, 1986, p.25).

Une des spécificités de la pensée de Rocco est sa notion de « nœuds créatifs ». Ces nœuds sont des intersections ou des connexions dans un réseau où l'information s'associe à d'autres informations pour former une documentation sans cesse remise à jour. L'image de la rivière où, à chaque instant, le contenu s'enfuit tout en conservant son entité, est une métaphore utilisée par Rocco pour expliquer ce concept. Ces nœuds sont des lieux où circulent des idées et des actions, créant tous les types de connexions inimaginables, le plus extraordinaire du réseau étant que tout demeure fluide.

Présentation du réseau de production et d'échanges de documents entre établissements de l'éducation nationale
        par Max Ferrero

L'allocution de Ferrero fut consacrée à l'analyse de quelques aspects d'un réseau d'échange de documents pédagogiques entre les enseignants et les élèves des Écoles normales, de 1982 à 1986. Ce projet avait comme objectif de mettre en réseau des documents scolaires réalisés par des équipes constituées d'enseignants de différentes disciplines, d'élèves de différents niveaux, de psychopédagogues et de techniciens. Ces équipes réalisèrent deux types de documents : des vidéogrammes et des diaporamas. Ces documents audiovisuels ne constituaient pas une banque de données disponible à tous, car les participants s'imposèrent une règle de réciprocité : il n'était possible d'utiliser les produits du réseau qu'à la condition d'en proposer. De plus, chaque utilisateur devait commenter le document visionné et ce commentaire critique était par la suite remis à l'équipe qui avait réalisé le document. Cette évaluation par les pairs et non par des supérieurs permettait aux réalisateurs d'échanger sur les qualités techniques et pédagogiques de leurs productions. Comme ce réseau d'échange coopératif exigeait des participants un certain engagement et des connaissances en audiovisuel, il était impossible d'imaginer que ce type de réseau se répande à tout le système d'éducation.

> *Horizontalité, transversalité, communication éclatée*
> par Alain Crindal

Crindal décrit son expérience comme enseignant, dans un réseau de production de documents scolaires, et fait part de sa réflexion sur le concept de réseau. Il s'intéresse particulièrement aux liens entre le réseau et la technologie. Initiateur d'un réseau dans son collège, il souhaitait apprendre à communiquer en utilisant des techniques audiovisuelles. Les participants à ce réseau avaient tous l'avidité d'en savoir davantage sur les nouveaux moyens de communication qui se connectent entre eux et s'interpellent. Crindal conçoit le réseau comme un outil de démystification des techniques, une structure capable de gérer des différences en les rendant socialement utiles. Il a la qualité d'échapper aux buts mercantiles actuels en revenant à l'origine des idées d'échange et de contact. Il s'agit d'un réseau pensant qui vit, mais ne vend pas. Il définit le réseau comme un modèle de communication éclaté et multidimensionnel. Cette approche répond au désir des participants de briser leur isolement et de mettre en place une nouvelle identité collective. Crindal termine en avouant que le réseau ouvre un débat, celui du monde de la communication, qui est actuellement l'enjeu de demain. Selon lui, cette mise en valeur des nouveaux moyens de communication permettra peut-être à l'école d'échapper aux multiples aliénations que génère l'isolement.

> *La nécessité du Réseau dans une pratique pédagogique*
> par Georges Bellot

Professeur de français, d'histoire et de géographie, Bellot est un fervent défenseur d'une pratique pédagogique en réseau. Selon lui, le réseau est une nécessité pour les professeurs, un moyen de renouveler leur enseignement en l'ouvrant à d'autres milieux pour ainsi briser leur isolement. En plus, cette approche motive les élèves qui ne travaillent plus seulement pour le professeur, mais pour quelque chose de bien plus important : leur formation. L'intérêt que suscite le réseau chez les élèves provient de sa capacité à multiplier les situations, les sources de renseignements et les supports de diffusion d'information. Le réseau dynamise nos vies en permettant des connexions qui semblaient impossibles auparavant. Pour conclure sa présentation, Bellot propose une pédagogie de l'aventure qui s'inspire du fonctionnement en réseau. Cette pédagogie permet le risque et l'aventure, à tout moment dans le processus d'apprentissage des individus.

Le réseau producteur de subjectivité
par Félix Guattari

Félix Guattari est psychanalyste et coauteur avec Gilles Deleuze de *L'anti-œdipe* (1972) et de *Mille Plateaux* (1980). Dès le début de son allocution, il énonce un vœu utopique : la nécessité de dissoudre le ministère de l'Éducation nationale. Selon lui,

> ceci serait un premier pas essentiel, non pour la privatisation des écoles, mais pour qu'elles puissent se constituer en de nouvelles entités subjectives capables d'élaborer leurs programmes, ou plutôt leurs diagrammes d'action (1986, p.123).

Guattari aborde l'impact des réseaux sociaux, microsociaux ou macrosociaux chez un patient en psychothérapie, pour mesurer à quel point ils sont producteurs de subjectivité. La subjectivité ne peut exister que dans une pratique vivante, telle que celle du réseau et du tissu social. Il termine en mentionnant que Célestin Freinet a été le précurseur d'une approche éducative en réseau. Sa technique abandonne le rapport duel entre l'enfant et l'enseignant pour le remplacer par une économie de liens avec l'extérieur. Guattari n'idéalise pas le réseau ; pour lui c'est un moyen, un intermédiaire, et non une finalité.

La suite de cette effervescence

Ces quelques exemples sont représentatifs de l'ensemble du colloque. Plusieurs participants proposent des liens entre le réseau et la technologie, car les possibilités techniques et la structure des réseaux de communication nourrissent le concept de réseau humain. Tous s'entendent sur la possibilité du réseau à transformer, par l'action, les relations humaines. Mais j'ai constaté que certains confondent la multiplicité et la quantité: un grand nombre de documents audiovisuels dans un réseau ne signifie aucunement qu'il y a diversité.

Durant ces années, l'effervescence pour le réseau comme structure détenant un potentiel éducatif est étroitement liée aux idéologies de cette époque. Les valeurs communautaires qui étaient le point de repère pour penser la société sont maintenant perçues comme des visions utopiques de l'enseignement. Vers la fin des années 80, les idéaux fondateurs de mai 68 s'effritèrent ; l'esprit communautaire fut remplacé par l'individualisme, étendard du capitalisme. Malgré la disparition de ces réseaux, quelques individus, tel Pierre Lévy, investissaient encore le concept de réseau dans leur quête de nouvelles approches pour transmettre le savoir.

1.2.5 Pierre Lévy et l'intelligence collective

Pierre Lévy, philosophe du cyberespace, étudie les grands enjeux de civilisation liés à l'émergence de la communication informatisée. Sa recherche s'appuie principalement sur deux vecteurs : la collectivité et la technologie. Présent lors des manifestations de mai 68, observateur des projets qui en émergèrent et à l'affût de la pensée actuelle, Pierre Lévy, humaniste, « soixante-huitard » et maintenant homme du cybermonde, a réussi à réactualiser le concept de réseau en l'arrimant aux nouveaux réseaux technologiques. L'effervescence pour le réseau dans le milieu de l'éducation, jumelée au développement des nouveaux appareils de communication, depuis les années quatre-vingt, forment un nouvel espace de réflexion que Lévy investit, en se l'appropriant comme champ de recherche et

> véritable phénomène économique et culturel : réseaux mondiaux d'universitaires et de chercheurs, réseaux d'entreprises, messageries électroniques, communautés virtuelles se développant sur une base locale (Lévy, 1997, p.8).

Ces nouvelles technologies permettent de nouveaux agencements de communication, de coopération, de langages et de techniques. Pour Lévy, il devenait indispensable de savoir à quelles fins nous voulions développer ces réseaux numériques.

> C'est pour cela que j'ai pris le parti de m'inscrire « dedans » et de tenter de prendre de vitesse les processus qui pourraient être négatifs, dangereux. Car si la prétendue civilisation de l'image, c'est seulement les jeux vidéo et la télévision, alors, oui, c'est terrifiant. De là, l'idée de réfléchir aux conditions d'émergence de dispositifs socio-techniques et socio-cognitifs permettant de sortir de l'univers médiatique (Lévy, 1994).

Il propose une vision positive de ces technologies qui orientent les politiques, les décisions et les pratiques dans le labyrinthe du cyberespace. L'invention de nouveaux procédés de pensée pour engendrer un collectif intelligent est indispensable pour éviter de poursuivre le parcours moderniste qui classifie, hiérarchise et sélectionne, pour « ne mobiliser et ne coordonner que très partiellement les intelligences, les expériences, les savoir-faire, les sagesses et les imaginations des êtres humains » (Lévy, 1997, p.12). Afin de remédier à cette déficience du système actuel, Lévy propose la mise en place d'une intelligence collective qui ferait appel aux compétences de tous et chacun pour combattre l'isolement intellectuel. Lévy réfléchit sur un nouvel espace du savoir qui inciterait à réinventer le lien social autour de l'apprentissage réciproque, de la synergie des compétences et de l'imagination, en utilisant comme référence principale le cyberespace : « Cette nouvelle dimension de la communication devrait évidemment nous permettre de mutualiser nos connaissances et de nous les signaler réciproquement » (Lévy, 1997, p.15). Dans une optique de démocratisation du savoir, il favorise la construction de collectifs intelligents où les potentialités sociales et cognitives de chacun se développent et s'amplifient mutuellement. Les collectifs intelligents laissent place à tous les types de savoirs, même ceux qui sont habituellement censurés par les institutions mandatées par l'État pour transmettre la connaissance. Il est important que

> le savoir soit partout distribué et partout coordonné, qu'il ne soit plus l'apanage d'organes sociaux séparés, mais s'intègre au contraire naturellement à toutes les activités humaines, revienne entre les mains de chacun (Lévy, 1997, p.15).

Cette accessibilité repose, à long terme, sur la souplesse et la vitalité des réseaux de communication qui engloberont prochainement « la majorité des représentations et des messages en circulation sur la planète » (Lévy, 1997, p.118).

Lorsque Lévy nous entretient du monde virtuel du cyberespace, il fait référence à de vastes réseaux numériques qui nécessitent une quantité phénoménale de mémoires et d'interfaces « multinodales » interactives, légères et nomades. Ces réseaux seraient mieux adaptés à la complexité des problèmes contemporains.

> Le cyberespace pourrait devenir un milieu d'exploration des problèmes de discussion pluraliste, de mise en visibilité de processus complexes de prise de décision collective et d'évaluation des résultats au plus proche des communautés concernées (Lévy, 1997, p.67).

Par l'intermédiaire de ces mondes virtuels, nous pouvons non seulement échanger des informations, mais vraiment penser ensemble, mettre en commun nos mémoires et nos projets pour produire « un cerveau coopératif » (Lévy, 1997, p.111). L'information numérisée, disponible sur le réseau Internet, peut être partagée entre un grand nombre d'individus et donc augmenter le potentiel d'intelligence collective des groupes humains. Cette agora virtuelle peut permettre d'actualiser des communautés en offrant une plate-forme, un espace qui réunit des individus ayant le ou les mêmes intérêts. Cette communauté prend forme sur un territoire virtuel aux frontières flottantes, occupé sporadiquement par des individus provenant de plusieurs endroits, séparés par des milliers de kilomètres. Il est donc légitime d'imaginer que de nouvelles formes sociales s'appuieront sur les techniques qui les rendent possibles.

Les nouvelles technologies de l'intelligence individuelle et collective changent profondément les données du problème de l'éducation et de la formation. Elles permettent l'éventail des singularités et des divergences, sans pour autant s'inscrire dans des formes précontraintes, car leurs structures sont horizontales et sans hiérarchie absolue. Les parcours et profils de compétences sont donc tous singuliers et peuvent de moins en moins se canaliser dans des programmes ou cursus valables pour tout le monde. Ce qu'il faut apprendre, selon Lévy, ne peut plus être planifié ni précisément défini à l'avance. Nous devons maintenant construire de nouveaux modèles de l'espace des connaissances.

> À une représentation en échelles linéaires et parallèles, en pyramides structurées par « niveaux », organisées par la notion de prérequis et convergeant vers des savoirs « supérieurs », il nous faut dorénavant préférer l'image d'espaces de connaissances émergents, ouverts, continus, en flux, non linéaires, se réorganisant selon les objectifs ou les contextes et sur lesquels chacun occupe une position singulière et évolutive (Lévy, 1996).

Deux grandes réformes des systèmes d'éducation et de formation sont requises pour qu'il y ait possibilité d'émergence d'une intelligence collective. Premièrement, il faudrait mettre en place l'Apprentissage Ouvert et à Distance (AOD), qui exploite certaines techniques de l'enseignement à distance, y compris les hypermédias, les réseaux de communication interactifs et toutes les technologies intellectuelles de la cyberculture. Mais l'essentiel réside dans un nouveau style de pédagogie, qui favorise à la fois les apprentissages personnalisés et l'apprentissage coopératif en réseau. Deuxièmement, l'école devrait perdre progressivement son monopole de la création et de la transmission de la connaissance. Les outils du cyberespace permettent maintenant d'envisager de vastes systèmes de tests automatisés accessibles à tout moment, c'est-à-dire des réseaux de transaction entre offres et demandes de compétences. En organisant la communication entre employeurs, individus et ressources d'apprentissage de tous ordres, les universités de l'avenir contribueraient ainsi à l'animation d'une nouvelle économie de la connaissance. L'enseignant serait appelé à devenir un animateur de l'intelligence collective plutôt qu'un dispensateur direct de connaissances. Mieux, les groupes humains parviendraient à se constituer en collectifs intelligents, en sujets cognitifs ouverts, capables d'initiative, d'imagination et de réactions rapides. Ultimement, ils assureraient leur succès dans l'environnement hautement compétitif qui est le nôtre.

Suite à la publication de *Les arbres de connaissances* (1992), Pierre Lévy et Michel Authier élaborent un dispositif de mise en pratique de leurs propositions que l'on retrouve dans ce livre. Ils cherchent à mettre en œuvre un réseau qui permette la rencontre de tous les cerveaux d'une communauté. Pour cela, il est nécessaire de se doter d'une organisation adéquate et d'une technique de communication appropriées pour qu'il y ait émergence d'un collectif intelligent. Ils développent un logiciel qui permet de recenser les compétences d'une communauté et qui construit « une image dynamique, évoluant en temps réel, de l'ensemble de la situation » (Lévy, 1994). Les individus classés par leurs compétences plutôt que par leur nom, sont regroupés sous une icone informatique qu'ils nomment « brevet ». Chaque brevet regroupe une ou des personnes détenant la même compétence. N'importe qui de la communauté peut proposer un brevet et décider des critères d'adhésion : « n'importe quel membre de la communauté peut inventer des examens : des diplômes. Bien sûr, ce sont des micro-diplômes, ou des diplômes moléculaires, comme aurait dit Félix Guattari » (Lévy, 1994). Lévy et Authier cherchent à sortir des visions et pratiques traditionnelles de formation, d'apprentissage et d'éducation à distance qui, de manière générale, consistent à considérer

> les gens qui fabriquent des documents dans de petites cases, puis des gens qui apprennent dans d'autres cases, puis des canaux qui les relient, les fournisseurs de savoir et les apprenants (Lévy, 1994).

Ce dispositif met en synergie des processus sociaux liés à l'apprentissage, où la reconnaissance du savoir revient à tout le monde. Selon eux, trois caractéristiques sont essentielles pour qu'il y ait déploiement de ce réseau :

- la qualification : des tas de gens qui savent des choses n'ont pas de diplôme, et sont donc censés ne rien savoir. Le brevet, tel quel proposé par Lévy et Authier, valorise tous les types de compétences, ce qui donne lieu à leur reconnaissance par la collectivité ;

- la gestion des compétences : une nouvelle façon de gérer l'offre, la demande et leurs rapports avec l'indexation des ressources et la navigation dans celles-ci ;

- la socialisation : on n'apprend pas seul ; on ne peut pas dissocier apprentissage et socialisation.

Tel qu'Illich, Heber et Suffrin, Lévy fonde son intelligence collective sur les principes de réciprocité, d'échange, d'écoute, de respect et de reconnaissance, d'apprentissage mutuel. Lévy ajoute l'aspect technologique aux notions d'ordre social, éducatif et politique. Le cyberespace, ce possible espace du savoir démocratique, ne peut prendre vie que s'il est investi par des individus épris par les principes mentionnés ci-haut, sinon ces nouveaux outils de communication deviendront des coquilles vides qui véhiculeront les valeurs capitalistes, c'est-à-dire l'individualité, la compétition, la consommation, etc. « Comme le roi Midas qui transformait immanquablement en or ce qu'il saisissait, le capitalisme transmute en marchandise tout ce qu'il parvient à entraîner dans ses circuits » (Lévy, 1997, p.135).

Contrairement à la France, les États-Unis ont peu exploité le concept de réseau pour penser à l'éducation. Lorsqu'ils utilisent le terme de réseau, ou plutôt de « network », cet emploi désigne presque toujours le réseau Internet. Bien que le monde du cyberespace se soit approprié ce concept, plusieurs courants pédagogiques américains s'appuient sur les caractéristiques définissant le réseau.

1.2.6 Les Américains, un autre parcours

> The art classroom should be treated as a valuable extension
> to the world (Rufer, 1998, p.44).

L'éducation artistique aux États-unis est un monde où se déploie une infinité de pratiques et de recherches. Des milliers d'enseignants sont répartis sur un immense territoire, où chaque région a ses valeurs, ses influences, son histoire et ses visions sur ce que devrait être l'enseignement des arts plastiques. Malgré leurs disparités et la distance qui les sépare, ils ont réussi à mettre en place des réseaux qui facilitent l'échange. Le maître d'œuvre principal de cette communauté est le National Art Education Association (NAEA). Je suis informé de leurs activités parce que je suis membre de cette association depuis plusieurs années. C'est à travers leurs publications et ma participation à leurs congrès national que j'ai pu découvrir des pratiques et des recherches qui abordent les notions de réseau dans le domaine de l'éducation artistique. Plusieurs membres du NAEA accordent énormément d'importance à l'ouverture de l'enseignement des arts à l'autre et à la communauté. Nous n'avons qu'à regarder les thèmes qu'aborde la revue *Art Education*[5] depuis trois ans, sur la notion de communauté et de collaboration, pour constater la place prépondérante que détient ce sujet :

- Community, Art and Culture (mai 98) ;
- Windows on the World (juillet 98) ;
- Delineating Through Diversity (janvier 99) ;
- Teaching Art as if the World Mattered (juillet 99) ;
- Art Education at Home and Around the World (janvier 2000) ;
- Dialogue (mai 2000) ;
- The Value of Local History and Place Within Art Education (juillet 2000) ;
- Art Education In and Beyond the Classroom (sept. 2000).

De plus, ils ont publié une série de livres classés sous la rubrique « Community and Collaborative resources ». Suite à la lecture de ces documents, j'ai constaté qu'ils utilisent rarement le terme réseau ou rhizome comme concepts opératoires pour penser à l'enseignement des arts plastiques. Le terme réseau est surtout associé aux technologies, telles que l'Internet, ou à des réseaux d'entraide ou de partage d'équipements et de ressources. Le concept de rhizome, pour sa part, est presque inexistant. Malgré cette absence de référence à ces deux structures réticulaires, les Américains sont conscients que l'enseignement doit s'ouvrir sur l'extérieur et impliquer la communauté pour créer des connexions. L'éducation artistique dans les écoles devient « meaningful when we consider it not as an isolated feature of life, separated from what occurs in the rest of the school and lacking in its connection with important matters of the world. » (Rufer, 1998, p.45). Il y a plusieurs points en commun entre les concepts de réseau et de rhizome et les approches américaines, telles que celles du « Community based education », du « Collaborative education », de l'« Environment education » (Guilfoil, 1999) ou du « Cooperative education », qui préconisent toutes des connexions avec le monde. Ces approches pédagogiques abordent les arts comme un territoire fertile pour entreprendre des projets qui favorisent la circulation des savoirs, la rencontre avec la communauté, son histoire, son architecture et ses citoyens. Similaires à ce que j'amorce comme pédagogie rhizomatique, ces approches se caractérisent par leurs objectifs sociaux. Désirant recréer des liens avec leur communauté dans le but d'une reconstruction sociale, les enseignants participent généreusement à des projets interdisciplinaires qui font appel à des compétences artistiques pour répondre à des problèmes sociaux.

> It is Blandy's aim to have us recognize the expansive potential art education possesses to help people of various ages, beliefs, ambitions and lifestyles together for conversation and action towards the betterment of communities and their collective constituencies (Guilfoil, 1999, p. 59).

Le potentiel critique de l'art permet aux élèves de se forger des opinions et d'agir directement dans leur communauté dans le but de dénoncer certaines injustices ou de sensibiliser la population à un problème spécifique à son environnement. Pour Guilfoil et Sandler, les enseignants en arts « should strive to empower students in building critical connection between what they encounter outside of class » (1999, p. 89). Les projets les plus populaires sont ceux qui ont comme objectif d'embellir la communauté. Les enseignants mettent en place un réseau de collaboration pour réaliser, par exemple, une murale dans un quartier défavorisé. D'autres projets ont comme objectif de faire découvrir le patrimoine, l'histoire ou l'architecture de la communauté.

Les Américains préconisent aussi un enseignement interdisciplinaire ; Brent Wilson est un de ces éducateurs qui revendiquent une éducation « interdisciplinary that can be defined as making connections » (Ulbricht, 1998, p.14). Cette volonté de créer des connexions interdisciplinaires a permis l'émergence de projets qui reliaient, par exemple, les arts à la biologie (Schramm, 2000), à la littérature, à l'histoire, etc. Selon Ulbricht, professeur à l'Université du Texas à Austin, l'enseignement interdisciplinaire serait une solution à l'isolement scolaire : « We have seen historically how integrated, related, and correlated interdisciplinary teaching methods have made connections between disciplines, students, and communities » (1998, p.16). L'interdisciplinarité est une approche valorisée par plusieurs Américains, car elle favorise des croisements transversaux qui ouvrent des chemins pour les transferts de connaissances d'une discipline à une autre. Dans plusieurs projets scolaires, l'enseignement des arts est mis en valeur par plusieurs enseignants, conseillers et pédagogues comme une discipline qui favorise l'acquisition de compétences nécessaires dans d'autres champs d'étude :

> A wide range of mainstream education research journals and specialized arts education journals have witnessed increasing numbers of studies describing links between the arts and academic learning since about 1990 (Clark, 1999, p.6).

Bien que ces recherches mettent en valeur l'enseignement des arts dans un but académique plus général, nous retrouvons aussi, aux États-Unis, plusieurs projets interdisciplinaires centrés sur des objectifs spécifiques aux arts :

> The arts provide a context for problem-posing and solving as students are given the opportunity to construct knowledge and demonstrate their understanding in meaningful ways (Pinciotti, 1999, p.63).

L'enseignement des arts plastiques doit être à l'écoute de ces besoins éducatifs, tout en prenant en considération qu'il se prête bien à l'interdisciplinarité.

Le multiculturalisme et l'approche féministe sont des champs de recherche majeurs aux États-Unis. L'acceptation de la différence, c'est-à-dire l'hétérogénéité, et la prise de conscience de l'importance de la diversité que prônent l'enseignement multiculturel et une approche féministe, sont aussi présents dans un enseignement rhizomatique. Ici, l'enseignement des arts a un rôle à jouer dans la promotion du pluralisme culturel car les élèves doivent se rendre compte qu'il existe plusieurs points de vue sur un même objet ou une même situation. Ces approches pédagogiques ont, elles aussi, des objectifs sociaux, tels que l'intégration des immigrants et l'égalité des sexes.

La mise en œuvre de réseaux, en enseignement des arts plastiques aux États-Unis, émerge d'objectifs qui ne correspondent pas toujours à la spécificité de cette discipline. La volonté de créer des connexions des arts vers l'extérieur s'insère souvent dans une optique de résolution de problèmes sociaux :

> A primary focus on social issues would seem to constitute a reductionistic approach to the teaching of art, prompting one to wonder along with Eisner, [...]whether in the end art education will become little more than a handmaiden to the social studies (Clark, 1999, p.11).

Il existe plusieurs types de réseaux ayant des objectifs divergents de ceux des arts plastiques. Certains préconisent cette discipline sous un angle psychologique : les arts favoriseraient chez l'élève l'exploration de soi et lui permettraient de découvrir qui il est en utilisant ses histoires personnelles. La pratique des arts plastiques faciliterait le développement personnel parce qu'elle oblige l'étudiant à faire des choix qui l'aident à construire son identité :

> The visual arts are perceived as a powerful way for students to explore their worlds, to know themselves and their relationship with the world, and to become better human beings by working with the arts (Albers, 1999, p.7).

Ma recherche se rallie plutôt aux propos de Eisner, enseignant, pédagogue et auteur respecté, qui perçoit l'enseignement des arts comme une discipline autonome se suffisant à elle-même : « We must restore the arts-based and arts-related ends of arts education to their proper place in our rationals for the importance of arts education » (Catterall, 1998, p.8). Je crois que le déploiement des réseaux doit se faire dans une optique où les préoccupations spécifiques aux arts sont le déclencheur principal. Il n'est pas question d'isoler les arts, mais plutôt de redonner la prédominance aux fondements pédagogiques de cette discipline : « What we do and want to accomplish in the arts is sufficiently important to need no extra artistic justification » (Einsner, 1998, p.12). Lors d'un projet interdisciplinaire entre les arts plastiques et le cours d'histoire générale, les élèves devaient fabriquer un château du Moyen Âge. Les élèves d'une équipe désiraient colorer leur château en bleu et rose ; l'enseignant en art n'y voyait aucune objection, mais l'enseignant en histoire, lui, n'était pas d'accord. C'est ici que l'on perçoit les contingences possibles pour les arts dans certains projets où la posture artistique n'est pas respectée pleinement. Il est certain que des projets de collaboration exigent des compromis de tous, comme le mentionne Green :

> Understanding education in contexts broader than schooling has important implications for art education and calls for an examination of alternative venues, initiatives and strategies that facilitate artistic development, encourage aesthetic growth and promote reflection about the role and the value of art in a society (Albers, 1999, p.8).

Cette position que propose Albers respecte les intérêts spécifiques des enseignants en arts plastiques, tout en travaillant avec des partenaires et des collaborateurs dans des projets qui dépassent les murs de leurs ateliers. Ma première expérience d'enseignement au secondaire, un stage dans le contexte de ma formation académique, m'a permis de rencontrer une enseignante, Marie Bellerive, qui plaçait comme objectif, lors de l'élaboration de ses projets, la nécessité que l'élève vive une expérience esthétique. Je crois que plusieurs enseignants américains ont le même objectif, mais que, malheureusement, ceux qui élaborent les réseaux ont souvent des objectifs répondant aux besoins de leurs partenaires et de leurs disciplines. Il est important de garder en mémoire cette réalité lors de l'élaboration d'une pédagogie rhizomatique car l'ouverture à l'autre est aussi primordiale que la protection de notre identité.

Il est intéressant de constater que, de chaque côté de l'Atlantique, en France et aux États-Unis, le concept de réseau soit principalement utilisé dans un contexte de résolution de problèmes, et comme un outil qui facilite la reconstruction sociale de la communauté. C'est peut-être, après tout, un des rôles fondamentaux du réseau.

1.3   Un filet de réseaux

Cette généalogie du réseau, suivie du rôle que ce dernier joue dans le milieu de l'éducation, m'a permis, tout au long de ce chapitre, de tisser un réseau. Le premier nœud était celui du réseau comme outil, j'ai relié ensuite le réseau/organisme, le réseau/matière, le réseau/technique, le réseau/concept et le réseau/virtuel. J'ai tenté, en tissant ces nœuds, de structurer et même d'attraper le sens du réseau, qui semble avoir une infinité de ramifications qui se dirigent dans tous les sens. Ce terme, qui semblait avoir un don d'ubiquité, conserve toujours comme fondement les notions de contrôle et de circulation. Perçu ou présenté par plusieurs comme une merveilleuse technique de circulation, qui relie le monde entier pour briser l'isolement, il est absolument nécessaire de le percevoir aussi comme un possible outil de contrôle ou d'homogénéisation. La définition et la fonction du réseau sont intrinsèquement identiques ; je parlerai alors d'une mise en abîme du fond et de la forme du réseau.

Par la suite, j'ai continué à agencer des nœuds, en ajoutant ceux de l'éducation. Vinrent s'y ajouter le réseau/école moderne, réseau/Illich, réseau/Heber-Suffrin, réseau/Lévy, réseau/France et réseau/États-Unis. Ce parcours offre des points repères pour penser plus globalement à l'implication du concept de réseau dans l'élaboration d'une pédagogie artistique qui fasse appel à l'hétérogénéité, à la non-hiérarchie et à l'aléatoire.

CHAPITRE II

LE RHIZOME

Dans ce chapitre, je cernerai d'abord la première signification du rhizome, celle reliée à la botanique. Je poursuivrai par la pensée de Gilles Deleuze et Félix Guattari, qui ont propsé le rhizome en tant que concept philosophique. Je terminerai avec les écrits de Gauthier et Richard, pédagogues ayant fait des liens entre l'éducation et ces deux philosophes. Ce parcours nous permettra de percevoir les différences entre le rhizome et le réseau, et de retenir ce qui est essentiel à l'amorce d'une pédagogie rhizomatique.

2.1   Rhizographie[6]

Une recherche étymologique du terme de rhizome est indispensable pour bien saisir les analogies de Deleuze et Guattari. Le rhizome provient du grec *rhiza*, pour racine, et de *homos*, pour semblable ; il se résume le plus simplement comme une tige souterraine semblable aux racines. Après la consultation d'un certain nombre de dictionnaires et d'encyclopédies sur la botanique, j'ai constaté qu'il est difficile de bien déterminer la différence entre le rhizome et la racine. Le rhizome et la racine se retrouvent, tous deux, sous la surface du sol et ont un rôle d'ancrage et d'absorption. Malgré leurs similarités, chacun a ses spécificités : le rhizome est une tige qui rampe et se propage horizontalement et la racine s'allonge verticalement et obliquement. La tige du rhizome est constituée d'une série de nœuds et d'entre-nœuds de longueurs variables. La longueur de l'entre-nœuds détermine si un rhizome est tubéreux ou s'il est ramifié (voir figure 2.1). Plus la distance est grande entre les nœuds, plus le rhizome sera étendu et ramifié. Le tubercule, communément appelé bulbe, est un rhizome renflé et charnu car ses entre-nœuds se déploient sur un axe très court. Le rhizome se retrouve dans la nature sous deux formes, comme une masse de matière compacte (tubéreux) ou comme une architecture réticulée. Le rhizome-bulbe tire sa force de sa densité et le rhizome-réticule, de la multiplicité de ses ramifications.

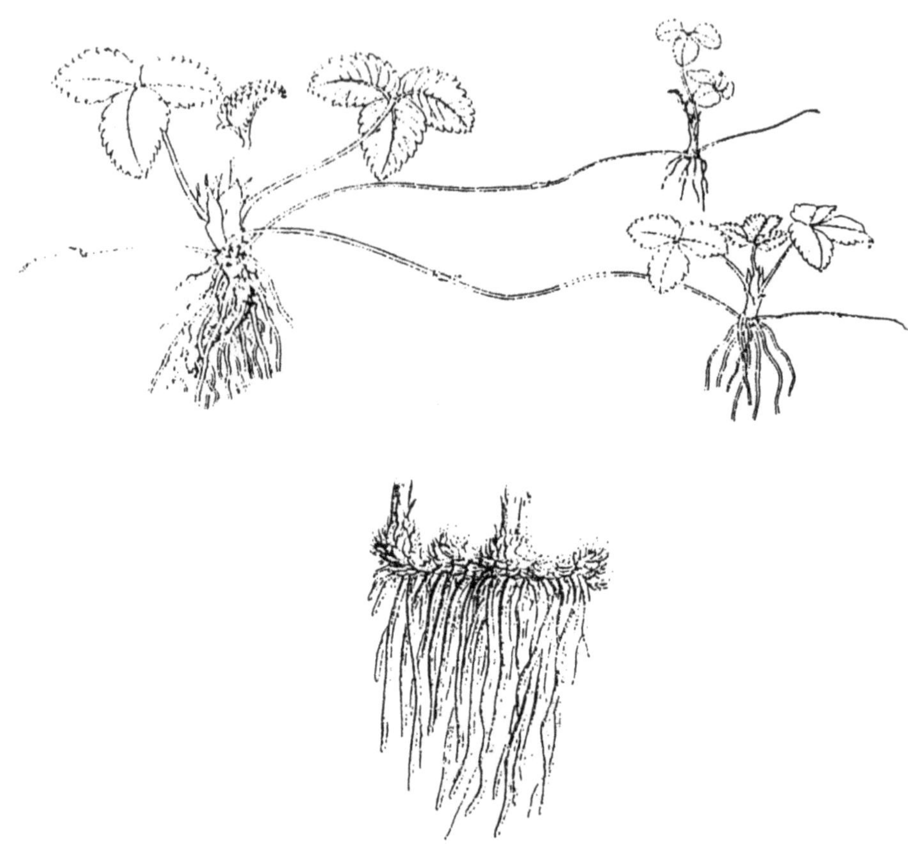

Figure 2.1   Rhizome tubéreux et ramifié
Ce qui me fascine le plus dans la structure du rhizome, c'est la nature de la connexion qui constitue ses nœuds. Les multiples points d'intersection relient des organes de natures diverses. Tout dépendant de l'espèce végétale, il est possible de retrouver, attachés sur cette tige souterraine, des fleurs, des

fruits, des feuilles, des racines, des bourgeons ou son embryon. Ces connexions inhabituelles le démarquent du modèle traditionnel de l'arbre, où les racines sont obligatoirement rattachées à la tige et la tige aux branches, les branches aux feuilles, etc. Le rhizome se caractérise aussi par son incroyable potentiel de métamorphose : des expériences conduites en conditions contrôlées ont démontré qu'un rhizome, en situation de stress, peut se métamorphoser et changer de vocation. Lorsqu'on excise la tige principale de certaines plantes rhizomatiques, une des extrémités du rhizome en croissance voit son rôle changer tout à coup, pour se métamorphoser en bourgeon qui deviendra la nouvelle tige. Cette capacité d'adaptation et de transmutation du rhizome jumelée à son potentiel d'agencements hétérogènes me fascinent à un point tel qu'ils confirment mon intérêt pour leur transposition conceptuelle au milieu de l'éducation. Lors de la découverte des spécificités du rhizome en botanique, j'ai découvert des parallèles avec celles du réseau. Avant de vous présenter la pensée de Deleuze et Guattari, je voudrais vous proposer un parcours qui présente ma vision de la notion d'identité mobile.

2.2   Le rhizome, le réseau et l'identité mobile

Le réseau se déploie par une architecture qui favorise la circulation et le contrôle ; chez le rhizome, ces deux notions sont remplacées par celles d'ancrage et d'absorption. Le réseau et le rhizome sont définis par des caractéristiques qui semblent inconciliables, voire en opposition ; le contrôle versus la circulation pour définir le réseau, et l'ancrage versus l'absorption pour définir le rhizome. En observant bien ces paires, j'ai constaté qu'elles avaient entre elles des croisements sémantiques qu'il valait la peine examiner pour mieux saisir la notion d'identité mobile proposée par Deleuze et Guattari. La mise en parallèle des déterminants de ces deux concepts permet de percevoir des liens entre le contrôle du réseau et l'ancrage du rhizome , entre la circulation du réseau et l'absorption du rhizome.

2.2.1   Ancrage et contrôle

Le rhizome joue un rôle d'ancrage déterminant pour certaines espèces végétales, telles que le foin de mer que l'on retrouve sur la grève des océans. Un voyage sur une dune de sable m'a permis d'observer l'organisation de cette plante rhizomatique et de constater son importance pour la survie de ce territoire. Cette dune, située dans l'océan Atlantique, est constamment menacée de disparition : les marées grugent le littoral et le vent balaie sa surface. Le sable est alors emporté vers l'océan et le territoire de la dune est fragilisé. Cet acharnement de la mer et du vent est contré par la présence de plantes rhizomatiques. Le déploiement des rhizomes a comme effet de retenir le sable. Après plusieurs jours, j'ai observé la structure des rhizomes des foins de mer, mise à nu par l'érosion, et j'ai constaté que ceux-ci retiennent le sable en se déployant par étagement, reliés verticalement par des racines. En plus d'être un modèle de connexions hétérogènes, la structure réticulaire du rhizome sert d'ancrage.

Il est possible de faire des analogies entre ce rôle d'ancrage et la notion de contrôle du réseau. La prolifération du rhizome et l'étalement du réseau ont tous deux comme effet de délimiter, territorialiser, fixer, identifier, retenir et stabiliser ; l'acte d'ancrer facilite le contrôle. Un bon exemple de ce rapport entre l'ancrage et le contrôle est celui où le gouvernement du Canada, dans les années 50, a voulu augmenter son pouvoir, en d'autres termes son contrôle, sur les Inuits, peuple nomade de la terre de Baffin. Il était alors indispensable de les sédentariser, de les ancrer sur leur territoire pour ensuite les recenser et ainsi mettre en place des règlements et des lois.

L'ancrage et le contrôle sont aussi de proches parents lorsque vient le temps d'identifier ou de nommer notre environnement. La toponymie a comme fonction principale de localiser les choses qui sont en très grand nombre sur la terre. De façon précise, il « faut savoir, à toute heure, où l'on est dans l'espace. » (Cazelais, 1998). Le travail de localisation est essentiellement celui de nommer. Le toponymiste Henri Dorion arpente le globe avec ses réseaux cartographiques pour ancrer des noms aux villages et aux rivières, sur des plans en deux dimensions qui seront utilisés par la suite pour construire des routes et des ponts. Ce travail d'identification ajouté aux réseaux routiers facilitent le contrôle de l'État et des multinationales sur la population. L'ancrage du rhizome et le contrôle du réseau semblent se retrouver en écho dans plusieurs situations. Pour cette recherche, cette paire se retrouvera au début d'une alliance de concepts.

2.2.2   Absorption et circulation

L'absorption, élément fondamental du rhizome, et la circulation, mouvement déterminant du réseau, ont toutes deux, comme le contrôle et l'ancrage, des points en commun. L'absorption, un terme de la botanique, et la circulation, une notion plus générale utilisée dans plusieurs champs disciplinaires, ont comme fonction de transporter des matières et des fluides d'un lieu à un autre, sur un territoire délimité. Plus particulièrement, le rôle de l'absorption chez le rhizome est de laisser pénétrer puis de retenir l'eau et la matière organique provenant du sol, et de maximiser leur transport jusqu'aux différentes parties de la plante. Circulation et absorption sont, tels le contrôle et l'ancrage, de proches parents. Ces derniers seront, eux aussi, placés au début d'une deuxième alliance de concepts.

Alliance 1 : Contrôle >>> ancrage >>>
Alliance 2 :   Circulation >>> absorption >>>

À ces deux alliances, je crois qu'il est important d'ajouter les deux formes que peut prendre le rhizome : celles de tubercule et de réticulation. Tout comme le contrôle et la circulation du réseau, ou comme l'ancrage et l'absorption du rhizome, ces deux types de structures semblent en opposition. Cette divergence les propulse chacune vers une des alliances. Le tubercule, que j'identifierai plutôt comme bulbe, s'associe, tout naturellement, aux concepts de contrôle et d'ancrage. La densité du bulbe, concentrée en un point fixe, propose un ancrage précis sur un territoire. Cette concentration associée à sa fixité me permet, tel le toponymiste, de les identifier pour ensuite les cartographier. Ce travail d'identification ne peut que faciliter celui du contrôle.

Alliance 1 : Contrôle >>> ancrage >>> bulbe >>>

Le rhizome qui se déploie par réticulation vient se joindre à la circulation et à l'absorption. Ce type de structure constituée de canaux et d'entre-nœuds a comme objectif de lier des points isolés et ainsi permettre la circulation ou l'absorption de matières. Une structure réticulaire se déploie dans l'espace et ouvre des territoires pour circuler.

Alliance 2 : Circulation >>> absorption >>> réticulation >>>

L'identification et l'association des caractéristiques principales du réseau et du rhizome sont un relais en amont pour saisir pleinement les enjeux de la notion d'identité mobile. Pour continuer cette alliance d'analogies, j'associerai l'identité[7] aux notions de contrôle, d'ancrage, de bulbe, puis la mobilité à la circulation, l'absorption et la réticulation.

> Contrôle >>> ancrage >>> bulbe >>> identité
> Circulation >>> absorption >>> ramification >>> mobilité

Les diverses significations de l'identité et de la mobilité semblent, comme les autres paires, être en opposition. L'identité, qui se définit brièvement comme l'état d'une chose qui reste toujours la même, s'arrime facilement à la première alliance. Le bulbe, une matière compacte qui se concentre en un point, transporte avec lui les notions de stabilité, de fixité et d'ancrage, tout comme l'identité. À l'opposé, nous retrouvons la mobilité qui s'associe facilement à la deuxième alliance. Plus une structure est réticulée, plus il y a possibilité d'y circuler et d'y être mobile.

Un de mes objectifs dans cette recherche est de démontrer qu'il est possible, autant pour l'élève que l'enseignant, d'être continuellement en mouvement, dans différentes directions, tout en construisant son identité. L'éducation a, par tradition, adopté la position qui associe l'identité à la structure pyramidale. Un individu doit établir des fondations stables et solides pour ensuite construire lentement, pierre par pierre, son identité. La pédagogie rhizomatique propose un tout autre état d'être : celui où l'élève et l'enseignant perçoivent positivement leur mobilité dans l'acte quotidien d'agencer des connaissances, des valeurs, des techniques, etc.

Le rhizome botanique et la notion d'identité mobile que proposent Deleuze et Guattari, sont des nœuds de cette recherche. Je poursuis la présentation du rhizome en parcourant quelques concepts deleuziens essentiels pour saisir, par la suite, leurs proposition du rhizome et amorcer, au Chapitre III, la pédagogie rhizomatique.

2.3   Ils étaient plusieurs

Ce n'est que depuis vingt-trois ans, au moment où Deleuze et Guattari écrivent *Rhizome* (1976), un court essai, que le mot rhizome n'est plus exclusif à la botanique. Le rhizome, défini comme un concept philosophique est emprunté que depuis quelques années par d'autres penseurs provenant de multiples champs disciplinaires.

Gilles Deleuze est né en 1925 à Paris ; il fait ses études en philosophie et enseigne cette discipline pendant dix-sept années (de 1971 à 1988), à l'université de Vincennes, Paris VIII. Auteur prolifique[8], il s'intéresse à la musique, aux arts et au cinéma, mais la majorité de ses écrits traitent de la philosophie du vingtième siècle. De 1972 à 1980, il collabore avec Félix Guattari à l'écriture de *Capitalisme et schizophrénie*, constitué de deux tomes : *l'Anti-œdipe* (1972) et *Mille plateaux* (1980). Ils écrivent aussi ensemble *Rhizome* (1976) et *Kafka - Pour une littérature mineure* (1975). De son côté, Félix Guattari, psychanalyste, écrit *L'inconscient machinique,* en 1979, un essai de schizo-analyse.

Dans l'introduction de *Mille Plateaux,* intitulée *Rhizome,* ils abordent leur collaboration en mentionnant « Comme chacun de nous était plusieurs, ça faisait déjà beaucoup de monde »

(Deleuze et Guattari, 1976, p.9). Désirant déconstruire la notion d'identité et d'individualité, il n'est plus nécessaire, pour eux, de dire ou de ne pas dire « je ». Ils ne prétendent pas être en quête d'authenticité car ils ne sont pas les seules références de leur discours. Leur pensée s'inspire d'une multitude de personnes ; ils « n'inventent plus, l'individu n'existe plus, il est collectif continuellement » (Deleuze et Guattari, 1976, p.10). Celui qui voudrait faire un glossaire des principales références de ces deux philosophes devrait, à coup sûr, y placer Nietzsche, Spinoza et Bergson. Ils effectuent un double mouvement : tout en analysant la pensée de ces philosophes, ils se l'approprient pour réfléchir la leur : « en référant à plusieurs modèles et à de multiples points de vue, la théorie deleuzienne est déjà un collage méthodologique et théorique » (Richard, 1994, p.54).

Plusieurs parallèles sont possibles entre la pensée de Deleuze et Guattari, et le postmodernisme. Bien que l'objectif de cette recherche ne soit aucunement d'établir un rapprochement entre ceux-ci, il est difficile de s'y abstenir. Ce parallèle est tout de même hasardeux car Deleuze n'a jamais voulu s'associer à ce courant. Le collage d'idées provenant de sources hétérogènes met en pratique un des fondements du postmodernisme, celui où la réalité est construite par une multitude de points de vue. Ceci nous amène à une perte des « concepts de vérité » au profit de vérités plurielles. Cette perte des concepts d'objectivité et de finalité présents chez l'individu et dans l'œuvre remet en cause la quête d'une pédagogie qui répondrait aux besoins d'un grand nombre, qui serait de l'ordre d'un modèle. L'élément essentiel n'est plus de chercher la provenance des idées, mais, plutôt, « on se demandera avec quoi elle fonctionne, en connexion de quoi il fait ou non passer des intensités »(Deleuze et Guattari, 1976, p.10). Deleuze fabrique des concepts, mais il ne les perçoit pas comme détenant une essence, ni comme étant universels. La bonne volonté, ou l'invocation à un sens commun ou à la récognition le répugnent. Son rapport à la philosophie en est un de désir qui le propulse vers de perpétuels agencements : « en aucun cas nous ne prétendons au titre d'une science. Nous ne connaissons pas plus de scientificité que d'idéologie, mais seulement des agencements » (Deleuze et Guattari, 1976, p.33). Le sujet, pour Deleuze ou Guattari, n'est plus une entité stable ; il est remplacé par un modèle dynamique. Il s'agira d'un individu complexe dans lequel une myriade de significations remplace l'existence d'un sens profond du sujet.

Les auteurs de *Mille Plateaux* remplacent les chapitres par des plateaux. Les plateaux, à la différence des chapitres, peuvent être lus dans n'importe quel ordre. Cette possibilité accroît le potentiel de croisement entre les différentes sections du texte. Malgré l'emploi d'une syntaxe ou d'une structure qui ne soit aucunement rhizomatique : « nulle astuce typographique, nulle habileté lexicale, mélange ou création de mots, nulle audace syntaxique » (Deleuze et Guattari, 1976, p.33), pour expliquer leurs pensées, il n'en reste pas moins que celles-ci sont difficiles à synthétiser. Favorisant une approche non-linéaire où tout est relié, stratifié et alors interdépendant, la pensée de Deleuze et Guattari est un agencement où l'isolement des concepts, dans l'objectif de les présenter linéairement, est presque impossible. Pour bien expliquer leurs propositions philosophiques, plusieurs voix, une polyphonie seraient nécessaires, qui, de concert, présenteraient simultanément les multiples strates de leur philosophie. Certains penseurs, tels que Clermont Gauthier (1989) et Claire Panet (Boutang, 1995), ont résolu le problème de classification en ordonnant alphabétiquement les concepts de Deleuze et Guattari. Ce type de classification non-hiérarchique permet au lecteur une certaine liberté de choisir son parcours et créer ainsi un ordre personnalisé. Une difficulté supplémentaire vient s'ajouter à ma volonté de présenter leur pensée et leurs réflexions : ces philosophes sont continuellement en quête de connexions et de nouveaux agencements pour décrire leurs idées et, ainsi, ils accumulent pour chaque concept une multitude de propositions ayant toutes des points de vue différents. Ils proposent une définition selon un certain point de vue et, presque simultanément, ils proposent de l'aborder d'une façon complètement différente. Parmi cette multiplicité de descriptions et de définitions, certaines se contredisent ou sont difficiles à arrimer. L'utilisation de définitions qui semblent contenir des antagonismes pour expliquer leurs concepts m'empêche de circonscrire ou de limiter leurs réflexions à un seul sens.

L'écriture de ce mémoire exige malheureusement qu'elle soit homophonique et linéaire. Il m'est, de plus, difficile de choisir un type de classement pour la présentation de leurs concepts. Comme ce document s'adresse aux enseignants en arts plastiques qui proviennent d'un autre champ disciplinaire que celui de la philosophie, j'opterai pour la présentation la plus simple et claire possible. Je laisserai de côté les concepts les plus complexes et j'aborderai ceux utilisés pour l'amorce de cette pédagogie. Tels les chercheurs mentionnés ci-haut, je commencerai ce court résumé par ordre alphabétique, avec naturellement la lettre A, pour agencement. Je poursuivrai en laissant surgir les autres concepts d'une manière plus aléatoire pour terminer avec une approche plus cartésienne, en énonçant les six principes du rhizome déterminés par Deleuze et Guattari.

2.3.1   Il n'y a de désir qu'agencé ou machiné

(Gauthier, 1989, p.26)

L'action d'agencer est souvent associée à celle de mettre en ordre, d'embellir ou de rendre agréable. Sans exclure ces significations, l'agencement est aussi une organisation d'éléments qui, esthétiquement, n'est aucunement en quête d'un équilibre ou d'une harmonie ; elle peut être de l'ordre de la cacophonie ou du laid. Deleuze cherche à s'abstraire des notions de beaux et de laids agencements, qui véhiculent des modèles, des lois, des valeurs, etc. Un agencement ne peut qu'être « une multiplicité qui comporte des termes hétérogènes, et qui établit des liaisons, des relations entre eux, à travers des âges, des sexes, des règnes de natures différentes » (Deleuze et Parnet, 1977, p.84). Selon Deleuze, l'agencement est en constant désir de vouloir se réaliser, d'être en devenir ; il est constamment en désir de se connecter et ainsi de multiplier les rencontres. Le fait d'agencer n'a pas comme but de communiquer un message mais ressemble plutôt au travail des artistes : celui de créer une œuvre qui est ouverte aux multiples histoires. La communication entre des amis de longue date, où les échanges sont constitués de sauts, de retours et de déplacements non linéaires, et qui semble à certains moments incohérente, est un bon exemple de l'agencement tel que l'entend Deleuze. L'agencement, est, finalement, une organisation en quête de connexions et de rencontres, activités essentielles pour combler le perpétuel désir de se réaliser.

L'intégration de ce concept deleuzien à la pédagogie rend possible l'émergence d'agencements ne répondant pas seulement aux objectifs scolaires prédéterminés. Pour cela, nous devons accepter les différentes migrations d'un territoire à un autre.

2.3.2 Mouvements de territorialisation, de déterritorialisation et de reterritorialisation

Les notions, de territorialisation, de déterritorialisation et de reterritorialisation, spécifiques à la pensée de Deleuze et Guattari, peuvent sembler complexes. La déterritorialisation est de l'ordre du travestissement inconscient : une entité change de vocation ou d'identité temporairement, partiellement ou entièrement et ceci, sans préméditation. Ce changement s'effectue à travers des rencontres et des connexions avec des sujets hors de leur territoire habituel. L'état d'être autrement fait appel à la notion du « devenir », telle que la proposent Deleuze et Guattari. Ne pouvant pas être polyphonique, j'aborderai cette dernière notion plus loin. Afin de mieux comprendre les concepts de déterritorialisation et de reterritorialisation, j'utiliserai la relation entre la guêpe et l'orchidée (Deleuze et Guattari, 1976, p.17). Il existe un type d'orchidée qui ressemble à un bourdon par ses couleurs et la forme de ses taches. La guêpe est alors attirée par l'orchidée, croyant que celle-ci est un bourdon. La guêpe, à l'intérieur de l'orchidée, se frôle au pollen dont une certaine quantité demeure sur son corps. Elle en ressort et vole jusqu'à la prochaine orchidée, la fertilisant avec le pollen recueilli sur la précédente.

> n'est pas un échange ; ça se passe sur une ligne de fuite "entre" les deux lignes qui n'appartient ni à l'un, ni à l'autre, mais qui les entraîne dans un mouvement de déterritorialisation (Gauthier, 1989, p.14).

L'orchidée se déterritorialise en étant une image, un calque de bourdon. Elle quitte son territoire habituel de fleur, déborde ses limites, en suivant des lignes de fuite vers un devenir bourdon. Le devenir-bourdon de l'orchidée ne signifie pas qu'elle imite un bourdon, elle « ne prétend en rien joindre ou fondre les deux différences mais les maintient disjointes tout en les mettant en rapport. » (Gauthier, 1989, p.48). Même si elle reproduit l'image de manière signifiante, il ne s'agit aucunement d'imitation, mais d'un véritable devenir, devenir-bourdon de l'orchidée et inversement un devenir-orchidée de la guêpe.

La guêpe se déterritorialise en devenant elle-même une pièce de l'appareil de reproduction de l'orchidée. La guêpe est un devenir-orchidée car elle a un rôle à jouer dans la reproduction de l'orchidée. Elle ajoute à son règne d'insecte un rôle qui habituellement est spécifique au monde de la botanique. Elle se déterritorialise temporairement pour un devenir-orchidée. Le devenir-guêpe et le devenir-orchidée assurent la déterritorialisation de l'orchidée et de la guêpe pour ensuite ou simultanément reterritorialiser l'autre, « les deux devenirs s'enchaînant et se relayant suivant une circulation d'intensités qui pousse la déterritorialisation toujours plus loin » (Gauthier, 1989, p.58).

L'orchidée se reterritorialise sur le rôle que joue la guêpe : celui de fausse orchidée. La guêpe reterritorialise l'orchidée en transportant le pollen. Elle se substitue au « territoire perdu » de l'orchidée en permettant une reproduction qui habituellement n'implique que l'orchidée. La guêpe devient ainsi un élément essentiel à la reproduction de cette fleur. Et inversement, l'orchidée devient bourdon et se substitue au

« territoire perdu » de la guêpe. Celle-ci se reterritorialise comme guêpe en identifiant un faux bourdon, alors qu'habituellement elle se territorialise en identifiant un vrai bourdon. Il semblerait que la reterritorialisation soit un retour, une réappropriation de son territoire, suite à une déterritorialisation par l'intermédiaire d'un autre territoire.

La guêpe et l'orchidée font « un seul et même avenir, un seul bloc de devenir, ou, comme dit Rémy Chauvin, une évolution a-parallèle de deux êtres qui n'ont absolument rien à voir l'un avec l'autre » (Deleuze et Parnet, 1977, p.8). Chacun de ces devenirs assure de ce fait la déterritorialisation d'un des termes et la reterritorialisation de l'autre.

2.3.3   Au fait, quand on imite, c'est qu'on rate le devenir

La notion de devenir chez Deleuze et Guattari est constituée de deux moments : celui où l'on s'arrache à nous-mêmes et celui de la rencontre avec l'autre. Aucun ordre n'est prescrit ; la rencontre peut favoriser la rupture et, inversement, la rupture peut provoquer la rencontre :

> On ne devient quelque chose qu'emporté par un irrésistible mouvement qui nous arrache à la forme qu'on a, au sujet qu'on est, à la fonction qui nous détermine. Devenir, c'est emprunter une sécurisante fuite qui fait qu'on se dégage des points d'ancrage qu'on s'assigne, petites places sécurisantes qu'on occupe, c'est échapper (Gauthier, 1989, p.49).

Ces mouvements incontrôlés nous arrachent à nos domaines formels respectifs et permettent des rencontres autres qu'entre deux sujets, deux objets ou des entités de même nature. Ces rencontres entre deux termes dans un devenir n'impliquent aucunement qu'il y ait fusion. Le devenir est plutôt « un acte positif et créateur en faveur de sa différence qui alors s'affirme » (Gauthier, 1989, p.48). Il s'agit d'un devenir qui accepte le maximum de différences et qui repousse les :

assignations d'identités fixes dans le but de ramener au même les différences et les dépareillés, [...] et l'idée d'un sens unique permettant de prévoir, sont donc tout à fait incapables de rendre compte adéquatement de la teneur paradoxale du devenir qui se glisse entre les choses, au milieu de la pensée. (Gauthier, 1989, p.48)

Devenir ce n'est pas imiter ; s'il y a un devenir-animal de l'homme, ce dernier ne devient pas réellement un animal, pas plus que l'animal ne devient réellement un homme. Par exemple un devenir-babouin chez le chat ne signifie pas que le chat imite le babouin. Ou bien le devenir-arbre du crocodile ne signifie pas que le crocodile reproduit un tronc d'arbre. Devenir n'est pas plus une correspondance de rapport qu'une fusion ; surtout, il ne comporte pas l'idée d'évolution qui est de l'ordre de la croissance personnelle. Le devenir s'effectue dans le dos de notre conscience, dans le lieu où celle-ci est impuissante à expliquer les causes adéquates qui pourraient témoigner réellement des devenirs. Il nous emporte de manière tout à fait imprévisible puisque

> c'est par la notion de bon sens que notre intelligence s'accorde le pouvoir de prévoir ; or, devenir, en tant que paradoxe, se passe dans les deux sens à la fois et rend donc impossible toute possibilité de prévision (Gauthier, 1989, p.47).

Cette proposition du devenir est particulièrement intéressante lorsqu'on imagine son potentiel d'épanouissement chez l'élève. Elle ouvre ce dernier à des devenirs imprévisibles, en le mettant en situation de rapport à l'autre.

2.3.4   Ligne molaire et ligne de fuite

> Sociétés, individus ou groupes, nous serions composés de différentes lignes (Gauthier, 1989, p.113).

Pour Deleuze et Guattari, il existe deux types de lignes : la ligne molaire et la ligne de fuite. Les lignes dites molaires, ou à segmentarité dure, découpent le monde en fragments bien délimités : homme-femme, jeune-vieux, riche-pauvre. Elles nous sédentarisent dans un territoire, règnent et quadrillent la distribution des comportements de chacun. Complètement autres, les lignes de fuite ou de déterritorialisation sont de purs mouvements. Elles ouvrent des chemins et permettent de nouvelles connexions vers l'extérieur ; elles génèrent l'action, la création, les connexions et de nouveaux branchements. Nous empruntons des lignes de fuite, « au hasard des rencontres, sans prévision, ni prescription, afin d'ouvrir les limites territoriales du discours à la circulation du sens, à la multiplicité des parcours » (Richard, 1994, p.52).

Ces deux types de lignes sont essentiels pour la pédagogie rhizomatique : le premier délimite des nœuds et le deuxième les relie ou les traverse sans avoir un but ou un objectif. Comme enseignant ou élève, les lignes de fuite nous transportent, nous déterritorialisent, percent l'avenir vers des devenirs multiples.

2.3.5   Le désir

Le psychanalyste Freud percevait le désir comme un manque à combler : sitôt que le désir se porte sur un objet, il cause un manque ; orienté vers un objet, il est appétit, besoin à combler. Ce n'est pas d'un tel désir dont nous entretiennent Deleuze et Guattari, c'est plutôt d'un désir machinique, un désir sans objet manquant. Leur conception du désir comme machine en est une de production provenant de la rencontre d'éléments hétérogènes indépendants. Il est alors impossible de saisir ou de concevoir un désir hors d'un agencement déterminé, car le désir a toujours besoin de plus de connexions. Si un agencement ne s'avère pas assez profitable, le désir s'engage sur une autre ligne dans un nouvel agencement : « Le désir est friand des lignes de fuite ; il n'existe que par elles, sitôt qu'une ligne se dessine, il y est engagé »(Gauthier, 1989, p.28). Fluide informel et inconscient, le désir est plutôt une pure intensité qui passe entre deux multiplicités différentes, saisies dans le devenir. Selon Deleuze, le désir s'inscrit dans la pragmatique qui multiplie les agencements, les connexions et les lignes de fuite. Ainsi le désir ne manque de rien.

2.3.6   J'ai de l'herbe dans la tête, et pas un arbre...

(Deleuze, 1977)

Deleuze et Guattari abandonnent le vieux modèle de l'arbre et de la descendance qui a dominé la réalité occidentale et toute sa pensée, de la botanique à la biologie, de l'anatomie à la gnoséologie, de la théologie à l'ontologie, et toute la philosophie, pour en proposer un autre, celui du système radicelle. Les systèmes arborescents, basés sur la formule de un qui devient deux, puis deux qui devient quatre..., représentent la pensée la plus classique, la plus réfléchie, la plus vieille et la plus fatiguée de notre temps. Même la nature n'agit pas ainsi : les racines elles-mêmes y sont pivotantes, à ramifications multiples, latérales et circulaires, non pas dichotomiques. Dans un organigramme de type arbres-racines, les canaux de transmission sont préétablis, ce qui en fait une structure de pouvoir hiérarchique où un individu n'admet qu'un seul voisin actif : son supérieur hiérarchique.

La proposition deleuzienne cherche plutôt à « déconstruire tout processus linéaire ou circulaire et toute tentative de modélisation du discours afin d'identifier les emprises du pouvoir » (Richard, 1994, p.52). Elle oppose les systèmes centrés, ou modèles scientifiques, à des systèmes acentrés qu'elle qualifie de nomades ou de rhizomatiques. Cette structure acentrée s'élabore à partir d'un système-radicelle, d'un système où la racine principale est disparue et fait place à une multiplicité de racines secondaires. Cette structure nous conduit à percevoir les choses par « le milieu, et non de haut en bas, ou inversement, de gauche à droite, ou inversement » (Deleuze et Guattari, 1976, p.34). N'étant pas linéaire, ni hiérarchique, cette organisation prend alors une toute autre dimension : elle agence une multiplicité de ramifications, comparable au cerveau. La pensée n'est pas arborescente, et le cerveau n'est pas une matière enracinée. Selon Deleuze et Guattari, « Beaucoup de gens ont un arbre planté dans la tête, mais le cerveau lui-même est une herbe beaucoup plus

76

qu'un arbre. » (Deleuze et Guattari, 1976, p.24). La différence
majeure entre ces deux organisations se traduit
structurellement par l'arbre qui est « filiation », et le rhizome qui
est alliance. L'arbre impose le verbe être, mais le rhizome a
pour tissu la conjonction « et... et... et... » (Deleuze et
Guattari, 1976, p.36). Cette logique du « et » renverse
l'ontologie, destitue les fondements et annule fin et
commencement.

2.3.7   Une logique paradoxale

La pensée de Deleuze et Guattari nous surprend lorsqu'elle
accumule des strates au lieu de remplacer, comme le propose
le modernisme et sa notion de progrès, des modèles qui
sembleraient désuets par d'autres dits plus performants. Il est
possible d'inclure dans le rhizome autant le modèle de l'arbre
que celui du réseau ; ces philosophes désirent atteindre un
processus qui récuserait tout modèle. Leurs pensées ne sont
jamais présentées comme une accumulation d'éléments
objectifs visant à construire une vérité. Un concept, une idée,
un individu, un objet peuvent être définis par des éléments
antinomiques, selon le point de vue, le contexte, le moment ou
la personne qui observe. Les auteurs procèdent de cette
façon lorsqu'ils font

> un collage de modèles où l'on retrouve deux ensembles de
> caractéristiques contrastées, telles que :
> asservissement/renversement, statique/mouvement,
> unique/multiple, régulier/singulier, limite/fuite,
> molaire/moléculaire, etc. (Richard, 1994, p.52).

Cette logique que l'on pourrait qualifier de paradoxale est
capable de mieux intégrer une réflexion positive sur le
devenir, l'identité, les valeurs et les comportements. Le
rapprochement des concepts du réseau et du rhizome de la
botanique pour penser à la notion d'identité mobile, que l'on
retrouve au début de ce chapitre, est un bon exemple du
potentiel créateur que génère l'agencement de concepts
divergents. Bien que les associations paradoxales soient de

plus en plus l'objet d'un travail d'analyse de systèmes, les termes qui le composent ne se réduisent pas à leur opposition, puisqu'ils interagissent entre eux. Si je prends comme exemple l'informatique, ce système fonctionne par logique binaire pour créer une infinité d'agencements en n'utilisant que les nombres un et zéro. Ces agencements binaires produisent des sons, des images, de nouvelles réalités d'une richesse inouïe.

J'empruntai la métaphore du labyrinthe pour visualiser l'approche paradoxale de Deleuze et Guattari. Le marcheur-pédagogue (définit au chap. 3) se retrouve à l'intérieur de l'un d'eux ; il marche, et, à chaque pas, il croit avancer. Ce raisonnement n'est qu'illusion : ne sachant pas s'il se dirige vers la sortie, chaque pas peut au contraire l'éloigner de son but. Cette marche peut constituer un double mouvement, présent simultanément : celui d'avancer et de reculer. Cette analogie m'amène à cette interrogation : chaque fois que l'on énonce quelque chose, qu'est-ce qui nous garantit que l'on se rapproche de notre idée ou sujet ? Le paradoxal semble être, pour Deleuze et Guattari, une bouée de sauvetage pour éviter de nous engloutir, les poches remplies de vérité, d'objectivité et de hiérarchie. Les quelques concepts deleuziens que je viens d'aborder sont, pour ces penseurs, des bouées qui constituent la trame de fond pour l'élaboration du rhizome. Il était indispensable pour moi de faire ce parcours en amont avant d'entreprendre celui du rhizome deleuzien.

2.4 Il y a le meilleur et le pire dans le rhizome

(Deleuze et Guattari, 1976, p.13)

Le rhizome est un concept philosophique qui s'inspire des caractéristiques du rhizome de la botanique. L'image de cette tige souterraine semble être celle qui représente le mieux le rhizome de Deleuze et Guattari. Malgré l'impossibilité à rendre compte du rhizome deleuzien avec exactitude, cette image est riche en sens et devient une figure pour saisir ce concept.

Le terme rhizome évoque, en opposition à la racine ou l'arborescence, le caractère irrégulier et proliférant des structures de la pensée. La structure arborescente est verticale, hiérarchique, constituée autour d'un pivot central, tandis que le rhizome est horizontal, acentré et prolifère dans toutes les directions. Le rhizome se veut un agencement de multiplicités, de connexions, d'émergences et de ruptures d'éléments hétérogènes, où circulent des devenirs, des désirs, où apparaissent les lignes molaires, les lignes de fuite, les mouvements de territorialisation, de déterritorialisation et de reterritorialisation, et ceci sans jamais chercher à atteindre une finalité : « Il n'y a pas de commencement ni de fin, mais toujours un milieu, par lequel il pousse et déborde » (Deleuze et Guattari, 1976, p.31). Il est un système à multiples entrées, une structure aux connexions aléatoires, un modèle mobile et une organisation sans territoire. Il emprunte « des lignes de fuite au hasard des rencontres, sans prévision, ni prescription, afin d'ouvrir les limites territoriales du discours, à la circulation du sens, à la multiplicité des parcours » (Deleuze et Guattari, 1976, p. 26). Un trajet à l'intérieur du rhizome bifurque au gré des agencements, est emporté par le désir de toujours se connecter avec d'autres flux et devient un tracé imprévisible où nous ne sommes plus des personnes mais des « héccéités » (Gauthier, 1989, p.65). Les schémas d'évolution ne se feraient plus seulement d'après des modèles de descendance arborescente ; le rhizome lui, opère immédiatement dans l'hétérogène. N'ayant plus de point central, comme on en retrouve dans une structure arborescente, un rhizome est constitué de lignes de segmentarités, de déterritorrialisation, par lesquelles il fuit sans cesse.

Comme c'est par le rhizome que le désir se meut et se produit, celui-ci se retrouve dans des situations de « désir-vivre ». Alors, quand un rhizome est bouché, « arbrifié », le désir ne passe plus. De son extension superficielle ramifiée en tous sens, jusqu'à ses concrétions en bulbes et tubercules, le rhizome peut se définir, selon Deleuze et Guattari, par six principes. Ils ont dû définir quelques caractéristiques du rhizome pour ainsi donner une certaine légitimité à leur travail :

« Nous sentons bien que nous ne convaincrons personne si nous n'énumérons pas certains caractères approximatifs du rhizome » (Deleuze et Guattari, 1976, p.13).

1er et 2e principes de connexion et d'hétérogénéité

L'arbre et le rhizome ont tous deux une structure qui se déploie par une architecture de connexions. Chaque nouvelle connexion augmente leurs niveaux de sophistication et de complexité, mais, ce qui les différencie c'est la spécificité de chacune d'elles. Chez l'arbre, elles sont préétablies : la racine est toujours reliée au tronc, le tronc aux branches et ainsi de suite. Ces connexions hiérarchisées qui font de l'arbre une structure généalogique ne nous surprennent plus. De son côté, le rhizome nous captive et nous fascine par la multiplicité et l'ouverture que lui confèrent ses connexions hétérogènes. Il fonctionne sur

> des modes d'encodage très divers, chaînons biologiques, politiques, économiques, etc., et mettant en jeu non seulement des régimes de signes différents, mais aussi des statuts d'états de choses (Deleuze et Guattari, 1976, p.13).

Le rhizome et ses lignes de fuite qui se dirigent vers l'extérieur, sans objectif précis et sans intention, rencontreront, à un certain moment, une entité d'une autre nature et, à ce moment-là, ils n'effectueront aucune discrimination, ils auront le choix de s'y connecter ou, tout simplement, de la traverser.

Ce potentiel de connexité hétérogène m'amène à faire un lien avec la notion d'interface en informatique. Plus une interface est sophistiquée, plus elle peut faire des jonctions entre des logiciels, des images, des sons, du texte, etc. Le rhizome est en soi une interface puissante ; il accepte tous les types de jonctions et d'agencements. De plus, ces rencontres ne sont pas conditionnelles à un quelconque changement d'identité. Constamment en devenir, le rhizome n'imite pas l'autre pour entrer en connexion. Sa différence n'est pas reniée pour se connecter : au contraire, elle est indispensable pour qu'il y ait

80

émergence d'une nouvelle ligne de fuite. L'hétérogénéité est un processus d'inclusion et non d'exclusion.

Voici un exemple qui pourrait illustrer cet énoncé ci-haut. En 1998, les administrateurs du métro de Montréal décidèrent de chasser les punks qui y traînaient. Leur présence, qualifiée de désagréable et même de menaçante pour les usagers, ne pouvait plus être tolérée. La solution adoptée fut de diffuser de l'opéra dans les enceintes du métro, les administateur croyant que ces jeunes détesteraient ce type de musique et qu'ils quitteraient les lieux, mais, à leur grande surprise, les punks l'apprécièrent. Cette connexion inhabituelle entre les punks et l'opéra est de l'ordre de l'hétérogénéité. Les principes de connexion et d'hétérogénéité du rhizome sont présents à plusieurs niveaux dans la pédagogie rhizomatique.

3ᵉ principe de multiplicité

La multiplicité du rhizome dénonce les pseudo-multiplicités arborescentes. Le rhizome ne comporte aucun pivot, aucune unité, il n'a ni sujet ni objet mais seulement des déterminations, des grandeurs et des dimensions qui changent de nature à chaque nouvelle connexion. Un agencement est précisément cette croissance des dimensions dans une multiplicité qui change. Il ne suffit pas de dire

> Vive le multiple!, [...] il faut le faire, non pas en ajoutant toujours une dimension supplémentaire, mais le plus simplement, à force de sobriété au niveau des dimensions dont on dispose (Gauthier, 1989, p.13).

Il est facile d'accumuler les dimensions, mais, si elles demeurent statiques et sans communication, il n'est plus question de rhizome. Il ne suffit pas seulement d'ajouter et de multiplier, il faut qu'il y ait rencontre, interaction et surtout émergence de nouvelles lignes de fuite et de possibles déterritorialisations.

Dans une petite parabole, Borges raconte (Manguel, 1998) l'histoire d'un homme qui, ayant décidé de dessiner une carte des événements de sa vie, se rend compte, une fois devenu vieux, que cette carte dessine les traits de son visage. Chaque ligne ou trait de crayon ne s'inscrit pas seulement dans le dessein d'accumuler des événements. De cette multiplicité de traits émerge un agencement, une nouvelle ligne de fuite et une nouvelle strate signifiante : un portrait.

Il est important de retenir de la proposition de Deleuze et Guattari que la multiplicité n'a d'intérêt que si elle est en interaction. La multiplicité, perçue comme une accumulation d'objets morts, isolés, oubliés, ne génère aucune énergie créatrice ; alors elle n'est d'aucune utilité pour penser une pédagogie.

4e principe de rupture asignifiante

Il doit y avoir rupture pour créer de nouvelles alliances. Le rhizome et ses lignes molaires, d'après lesquelles il est stratifié, territorialisé, organisé et signifié, se brisent pour devenir des lignes de fuite. Un rhizome peut être rompu, brisé en un endroit quelconque pour reprendre son chemin en empruntant de nouvelles lignes. Deleuze et Guattari proposent de suivre le rhizome par rupture, jusqu'à produire la ligne la plus abstraite et la plus tortueuse possible. Les ruptures impliquent des mouvements de déterritorialisation et de reterritorialisation constitués de lignes de fuite pouvant être détruites sans qu'elles ne cessent de se reconstituer. Le rhizome offre un modèle des possibilités de rupture sans qu'il y ait rupture complète. Une fourmilière, ce rhizome animal, peut devenir un exemple de rupture sans qu'il y ait rupture. Lorsqu'un régiment de fourmis traverse un territoire et rencontre un obstacle, il est segmenté en de multiples lignes, et ceci, sans jamais qu'il soit détruit. Rien n'est perdu, tout est simplement en changement d'état et de direction. La rupture, pouvant resurgir à n'importe quel moment et à tout endroit chez le rhizome, laisse une place à l'aléatoire, à l'imprévu et aux possibles devenirs. La notion de hiérarchie pyramidale est à l'antipode de la rupture, car elle préconise l'accumulation comme seul moyen d'avancer et monter d'échelon. Ce fonctionnement nous offre que seul chemin pour atteindre ce pseudo-sommet. D'entreprendre une autre direction, de rompre cette ligne sous-entend une possibilité de perte, qui aurait comme conséquence un recul et même une rétrogradation de niveau.

La construction arborescente, étant en quête de fondements immuables et même éternels, perçoit négativement la notion de rupture, car elle semble synonyme de perte et même d'infidélité à sa lignée. L'acceptation de la rupture dans un processus éducationnel nous offre la possibilité de nous réapproprier une multiplicité d'approches et de stratégies pédagogiques.

5e et 6e principes de cartographie et de décalcomanie

Le principe de la carte et du calque sont inclus dans le rhizome à des degrés divers. Le calque représente une structure fixe et hiérarchique qui codifie et cristallise le rhizome dans le but d'en faire un modèle. Le calque organise, stabilise et neutralise les multiplicités. Il perpétue des redondances et les propage pour ne reproduire à l'infini que lui-même alors qu'il croit reproduire autre chose. De l'ordre de la compétence, il n'admet que les aptitudes reconnues par une quelconque autorité. La logique du calque est, à maints égards, identique à celle de l'arbre.

La carte est tout entière tournée vers une expérimentation en prise sur le réel. Elle concourt à la connexion des champs, est ouverte et connectable dans toutes ses dimensions, démontable, renversable, susceptible de recevoir constamment des modifications. Elle peut être déchirée, renversée, s'adapter à des montages de toute nature, et mise en chantier par un individu, un groupe ou une formation sociale. On peut la « dessiner sur un mur, la concevoir comme une œuvre d'art, la construire comme une action politique ou comme médiation » (Deleuze et Guattari, 1976, p.20). Une carte et ses entrées multiples font appel à la performance, contrairement au calque qui revient toujours au même et qui fonctionne sur un mode de compétence. Le marcheur-pédagogue observe une carte, son doigt glisse sur la surface et suit des lignes de fuite, et simultanément une infinité de possibilités, d'informations, de connexions et même de rêves s'ouvrent à lui.

Ces six principes du rhizome déterminés par Deleuze et Guattari ne seront pas tous retenus pour l'élaboration de cette pédagogie. Les quatre premiers, c'est-à-dire, le principe de la connexion, de l'hétérogénéité, de la multiplicité et de la rupture asignifiante sont des points de repères fondamentaux qui alimentent autant ma pratique que ma réflexion. En ce qui concerne ceux de la cartographie et de la décalcomanie, il m'est difficile, actuellement dans ma recherche, de tisser des liens entre eux et l'éducation.

Les pédagogues Gauthier et Richard ont réussi à croiser des parallèles entre ces deux principes et l'éducation. Ils sont des références incontournables pour quiconque désire découvrir le potentiel éducatif de la pensée de Deleuze et Guattari. Je termine ce chapitre en vous proposant un résumé de la pensée de chacun de ces chercheurs.

2.5 *Fragments et résidus* de Clermont Gauthier

Clermont Gauthier est certainement un des premiers pédagogues à proposer des parallèles entre l'éducation et les écrits de Gilles Deleuze. Dès 1989, il publie *Fragments et résidus 2. Deleuze éducateur*, un livre qui présente les principaux concepts de la philosophie deleuzienne par ordre alphabétique, en les associant à une potentielle approche éducative. Il réussit à démontrer la pertinence des écrits de ce philosophe pour penser un enseignement qui ne serait pas une méthode mais plutôt une manifestation du désir d'apprendre.

Tels Deleuze et Guattari, Gauthier n'a pas voulu procéder de manière habituelle pour présenter sa réflexion. Chacun des chapitres de son livre résume un concept de Deleuze et ils sont placés par ordre alphabétique. Il n'y a pas d'ordre prescrit, chaque chapitre étant interchangeable ; nous n'avons qu'à ouvrir le livre et commencer. Cette structure, qui récuse un certain ordre classique, est non-hiérarchique et s'inspire du principe du rhizome : « il n'y a pas vraiment de début, ni de fin réelle » (Gauthier, 1989, p.2). Ce court résumé suivra un trajet aléatoire parmi les vingt-quatre concepts sélectionnés par Gauthier. J'ai plutôt la notion du désir en tête, celui qui me donnera la liberté de voyager d'une page à une autre, au gré de mes fascinations.

Pour Gauthier, les éducateurs doivent proposer une autre approche aux jeunes : celle-ci serait plutôt de l'ordre « d'apprendre comme désir » (p.25). Le désir doit être la première pulsion pour entreprendre toute quête de savoir, c'est l'attrait de l'inconnu qui nous arrache à ce qu'on est, au sujet que nous sommes. Le désir pour l'adolescent s'associe à une quête de nouvelles connexions :

> si un agencement ne s'avère pas assez payant, il s'engage sur une autre ligne dans un nouvel agencement. À condition, bien entendu, qu'on ne bouche pas toutes les issues (Gauthier, 1989, p.64).

Apprendre peut être de l'ordre du désir, et cet apprendre se constitue à mesure des occasions et des rencontres. Ces rencontres se transforment en devenir lorsqu'elles ne prétendent en rien joindre ou fondre les différences de chacun.

La notion de devenir, élément central dans la pensée de Deleuze, n'est pas de l'ordre de « devenir quelque chose » (p.53), ce n'est pas une quête pour atteindre un modèle, car on ne finit jamais d'être en devenir. Ce n'est pas non plus l'idée d'évolution ou du progrès qui propose un chemin pour atteindre la perfection. Devenir n'est pas non plus de l'ordre de la fusion, l'un ne devient pas l'autre, ni l'autre l'un, ni les deux ensemble, mais bien d'une rencontre entre les deux qui produit quelque chose qui n'est ni dans l'un ni dans l'autre. Les différences sont maintenues disjointes tout en étant en rapport.

Gauthier se demande ce que l'éducateur comprend de l'adolescent en devenir. Il dénonce la psychanalyse freudienne, trop souvent utilisée par ces éducateurs comme référence principale pour aider les jeunes, car elle ramène tous leurs désirs, leurs devenirs, à des complexes et à des manques. L'adolescent est plutôt continuellement traversé de désirs. Il agit, il bouge sans cesse, s'agençant de mille et une façons. Il a un grand potentiel d'agenceur, « car il a une très grande capacité d'oser, de risquer, de s'affranchir de la norme, de renverser les valeurs » (Gauthier, 1989, p.62). Mais, malheureusement, pour Gauthier cette énergie débordante est mal canalisée ou tout simplement gaspillée ou gardée sous réserve. De plus, il se demande comment on peut

> comprendre leur révolte, comment les inviter à la prudence, comment ralentir leurs mouvements souvent dangereux sans les arrêter, comment les aider à contrôler leurs dérapages sans les comprimer, sans brimer toute cette cavale ? (p.62).

Le devenir adolescent, c'est passer d'une multiplicité à une autre, du monde de l'enfance à celui de l'adulte.

Le curriculum doit pouvoir être changeant, mobile, et permettre l'entrée de nouvelles données ; il ne fonctionnerait pas que par des objectifs et des compétences à atteindre : il proposerait une multiplicité d'ouvertures sur le monde. Il devrait pouvoir se métamorphoser pour s'adapter au contexte, pour faire passer le désir et créer de nouveaux agencements, à un point tel que je parlerai plutôt « d'agencement curriculaire que de curriculum » (p.20). Cet agencement me permettra d'éviter une pédagogie dogmatique qui fixerait des valeurs, des techniques, des apprentissages comme vérités ultimes. Gauthier dénonce les programmes scolaires remplis « d'énoncés verbeux, naïfs, démagogiques sur la nature de l'enfant, de l'apprentissage et de la société » (p.85). Il serait temps de penser à une pédagogie de la différence, « différentiellement » (Gauthier, 1989, p.69). Cette approche favoriserait la singularité de tous les acteurs du milieu scolaire en laissant une place à leur différence. Pour réussir à penser la différence en elle-même, il faudrait « renverser le bon sens et le sens commun » (p.70). Le sens commun, appliqué à une pédagogie, génère des politiques et des méthodes s'adressant au plus grand nombre d'individus, et aplanit les différences. Il faut donc « briser ce choix forcé et explorer un monde où surgit quelque chose qui n'est ni individuel, ni personnel, mais pourtant est singulier » (Deleuze, 1968, p.332).

Toujours selon Gauthier, la déterritorialisation élaborée par Deleuze ne peut pas être associée, en éducation, au seul déplacement physique des élèves. Se déplacer vers un nouvel espace, comme lors d'une visite au musée ou à une classe de neige, n'est pas nécessairement de l'ordre de la déterritorialisation. L'élève ou l'enseignant déterritorialisé est celui qui, à certains moments, devient une multiplicité de devenirs, de connexions potentiellement ouvertes sur le monde. Si ses désirs circulent et empruntent différentes lignes de fuite pour créer du sens ou imaginer des mondes, l'élève se déterritorialise à chacun de ces agencements.

Clermont Gauthier termine ce livre en proposant un usage mineur de la pédagogie. Celle-ci revient à se donner le devenir comme règle. Il est primordial d'enlever du discours pédagogique tous les

> marqueurs de pouvoir qui ne sont de véritables fondements mais qui constituent uniquement le travail de nivellement des différences effectuées par le bon sens et le sens commun et permettre ainsi l'émergence du devenir (p.205).

C'est le pouvoir qui annule les différences et empêche les variations. Nous devons envisager le curriculum comme Deleuze conçoit l'inconscient : une machine qui n'en finit pas de produire, « machine produite par sa production » (p.161), qui, elle, n'en finit pas de faire de nouveaux branchements. La volonté que véhicule son projet éducatif est celle d'assumer la singularité et de faire face à la multiplicité possible des options: « Un fonctionnement multiple appelle l'imprévisible, pas un processus fixe, mais plutôt une machine à entrées multiples, sans centre, dérivant d'un problème à un autre » (p.145).

Ce résumé nous a permis d'aborder quelques propositions de Gauthier ; malheureusement son travail ne propose aucune piste de mise en application ou de transposition possible d'une telle approche pédagogique dans un contexte réel d'enseignement. Nous aurions pu croire que l'étape suivante de son parcours aurait été de créer des liens avec la réalité scolaire québécoise. Il a plutôt concentré sa recherche sur une théorie de la pédagogie et, plus particulièrement, sur le savoir des enseignants. Bien qu'il ne fasse plus référence à Deleuze dans ses écrits, son travail en cours est imprégné par la pensée de ce philosophe. Cette amorce de pédagogie rhizomatique s'inspire énormément du travail de Gauthier ; il a déclenché la circulation de désirs pour nous mettre en mouvement, vers un devenir-pédagogue ou plutôt un devenir-marcheur-pédagogue. Son travail est au début d'une alliance de recherches en pédagogie initiées par les écrits de Deleuze. Cette alliance se ramifie à la pédagogie nomade de Moniques Richard.

2.6   *La pédagogie nomade* de Moniques Richard

Moniques Richard, professeure à l'Université du Québec à Montréal, a axé sa recherche doctorale sur l'élaboration d'une pédagogie artistique nomade. Son cadre théorique s'appuie principalement sur la théorie deleuzienne, plus particulièrement sur les concepts de nomadisme, de déterritorialisation et de devenir. Elle est en quête d'une approche alternative à l'enseignement traditionnel au primaire. Sa recherche se caractérise par son approche éclectique qui réunit trois éléments fondamentaux : le contexte postmoderne, le pli baroque et la pédagogie nomade, pour penser aux rapports spatio-corporels chez l'élève. Artiste et enseignante, elle a réalisé trois projets, dans des contextes scolaires et parascolaires, qui ont servi de point de départ au développement de sa proposition pédagogique. Elle a identifié trois ensembles de stratégies qui forment la matrice de sa pédagogie nomade : les stratégies artistiques, les stratégies pédagogiques et les stratégies spatio-corporelles. Entre ces stratégies, il existe un réseau de parcours :

> Tout se recoupe ; les caractéristiques de l'analyse émergente recoupent celles de l'interprétation deleuzienne et des modèles pédagogiques recensés : on y retrouve la déterritorialisation de la démarche, la collaboration entre les membres de la tribu et la mobilité incarnée dans les territoires couverts (Richard, 1994, p.59).

Le réseau est perçu, selon Richard, comme une structure réticulaire qui permet tous les agencements possibles. Le rhizome, lui, semble plutôt être utilisé comme modèle du possible, de l'ordre de l'intuition, qui se veut « une pragmatique de connections entre des phénomènes disparates, qui ne réduit pas les singularités et les différences à un ensemble homogène » (p.56). Sa structure offre une multiplicité multidirectionnelle qui est placée en opposition à une approche scientifique qui se veut plus objective et hiérarchique. Elle compare le processus rhizomatique deleuzien à une structure moléculaire : tous deux s'éloignent de la figure circulaire ou en spirale qui trace un mouvement molaire autour d'un centre fixe. Le rhizome permet une croissance de la multiplicité dans plusieurs directions, comparable à l'analyse deleuzienne qui consiste à suivre les discontinuités et les multiples embranchements de la pensée. Elle associe aussi le rhizome à l'étude de cas : cette dernière pouvant suivre un parcours rhizomatique, elle s'ouvre à d'autres possibilités d'interprétation. Elle appuie cette affirmation par celle de Donmoyer : « le rôle de la recherche n'est pas de fournir la bonne interprétation mais d'étendre la portée des interprétations possibles » (Donmoyer, 1990, p.176). Comme chez Deleuze, le rhizome, pour Richard, n'a pas la faculté d'être prévisible mais d'ouvrir d'autres directions à l'interprétation et à l'action. Cette science nomade propose des problèmes « dont la solution renverrait à tout un ensemble d'activités collectives et non scientifiques » (Richard, 1994, p.57).

Plusieurs parallèles sont présents entre sa pédagogie nomade et la pédagogie rhizomatique : l'apport de la théorie deleuzienne à la pédagogie artistique, le concept de territoire et le contexte québécois. La pédagogie nomade de Richard est un point de repère important, générateur d'enthousiasme. Ma recherche qui émerge d'un rhizome deleuzien, ne peut que se connecter, à un moment ou un autre, à un ou plusieurs nœuds de l'approche nomade.

Au Québec, et même au niveau international, Gauthier et Richard sont les premiers à avoir entrepris la pensée de Deleuze et Guattari pour réfléchir à l'éducation. Ils ont chacun réussi à transposer une philosophie à un discours singulier sur l'enseignement au Québec ; pour Gauthier celui-ci s'est concrétisé par un essai et pour Richard par une thèse et une expérimentation en milieu scolaire. Ces appropriations et la nature même de la pensée deleuzienne me laissent croire à un potentiel infini d'interprétations et d'adaptations de celle-ci.

2.7 De l'organique au concept philosophique, le rhizome se ramifie à l'éducation.

Dans ce chapitre, l'observation de différentes plantes rhizomatiques et leur place dans le monde de la botanique m'a permis de mieux comprendre le rhizome philosophique de Deleuze et Guattari. Suite à l'appropriation de la signification du rhizome je proposerai un parcours personnel d'alliances où l'ancrage et l'absorption du rhizome, jumelés à la circulation et au contrôle du réseau, m'ont permis de penser à la notion d'identité mobile. Lors de ce passage entre le rhizome botanique et le rhizome deleuzien, j'ai retenu certains concepts spécifiques à la pensée de ces philosophes : les notions d'agencement, de désir, de devenir, de déterritorrialisation et de ligne de fuite, tous essentiels pour saisir les six principes du rhizome deleuzien et la pensée de Gauthier et de Richard. Ces deux pédagogues québécois qui ont arrimé la pensée deleuzienne et l'éducation ; plus particulièrement l'éducation artistique pour Richard, sont des références fondamentales pour maintenant amorcer une pédagogie rhizomatique.

CHAPITRE III

L'AMORCE D'UNE PÉDAGOGIE RHIZOMATIQUE

Dans ce chapitre je déploie la pédagogie rhizomatique en débutant par la description du contexte scolaire québécois. Je poursuis en déterminant une série de points de repères, que j'ai identifié comme des icones, recensés dans les chapitres I et II. Je mets en forme le concept de marcheur-pédagogue pour ensuite proposer un parcours où chaque relais est un pas vers la mise en place de la classe-réseau. Ce marcheur est ensuite mis en mouvement par le désir qui circule dans son corps réticulaire et devient un agenceur dynamique d'icones. Je termine par l'analyse des agencements *pédagogie et réseau,* puis *pédagogie et rhizome.*

3.1 Nous sommes en continuité

Suite à la présentation des prémisses théoriques, parcours indispensable pour que le lecteur détienne les mêmes connaissances de base concernant la signification du réseau, du rhizome et de leurs emprunts en éducation, je peux entreprendre une réflexion sur la possible transposition de la théorie à l'enseignement des arts plastiques. Il était primordial de présenter ces prémisses pour me situer en continuité avec une alliance de recherches dédiées à la compréhension du réseau, du rhizome et de son rapport à l'éducation. En aucun moment je ne prétends à une certaine innovation pédagogique qui s'insère dans la notion du progrès, si chère aux modernistes. Autres lieux, autres temps, il s'agit tout simplement d'un autre contexte pour réfléchir à un enseignement artistique s'appuyant sur ces deux concepts. Comme le contexte est déterminant pour toute personne désirant expérimenter cette pédagogie, il est alors essentiel de vous faire part du mien.

3.2 Portrait de classe

L'enseignement des arts plastiques dans les écoles
secondaires du Québec est actuellement uniforme à maints
égards. Les enseignants se retrouvent devant plusieurs
groupes d'une trentaine d'élèves, dans un atelier plus ou
moins adéquat, et ce pendant une période d'environ dix mois,
pour des rencontres hebdomadaires d'une durée de 60 à 75
minutes. Jour après jour, ils doivent initier les jeunes à la
culture et à la civilisation, les instruire et les éduquer, leur
transmettre ce qui est collectivement estimé essentiel, leur
proposer des tâches et des contenus pour lesquels ils n'ont
peut-être aucun intérêt. Le calendrier scolaire est segmenté en
quatre ou cinq étapes qui se concluent par une évaluation
sommative de chacun des élèves. Ces derniers sont évalués
sur l'acquisition de savoirs, tels que le langage plastique, et de
savoir-faire, tel que la maîtrise de techniques. En arts
plastiques, les enseignants considèrent positivement dans
leur évaluation les notions d'imagination, de créativité et
d'authenticité[9], versus l'utilisation de clichés ou de
reproduction d'images.

Le programme du ministère de l'Éducation (secondaire, arts),
en vigueur depuis 1983, est la référence majeure des
enseignants. Malgré son ouverture, ce document a
énormément standardisé l'enseignement. Ce curriculum est
inspiré du modèle scientifique moderne qui privilégie les
objectifs spécifiques, la division disciplinaire, l'évaluation et le
rendement. La plupart des enseignants au secondaire
appliquent le principe du « percevoir, faire et voir » (Québec,
1983, p. 7) pour enseigner. Il propose une situation (le
percevoir) ; ensuite l'élève réalise une production (le faire), et
termine avec un retour sur le travail (le voir).

Les manuels pédagogiques publiés spécifiquement pour
l'enseignant et les élèves en arts sont peu nombreux. Le
matériel, peinture, carton, etc., est généralement fourni par
l'école, malgré la diminution des budgets depuis quelques
années. Dans certaines écoles, les élèves doivent débourser
pour l'achat du matériel d'art. Malgré l'accessibilité à des

programmes culturels, très peu d'élèves, au Québec, ont l'occasion de faire des sorties à l'extérieur : visite d'un musée, galerie d'art ou autre lieu de culture. De plus, très peu d'écoles accueillent en classe un artiste pour donner un atelier ou pour parler de son travail.

Malgré une certaine uniformité, nous retrouvons des variantes infinies quant aux contenus et aux valeurs transmises par les enseignants. Les enseignants ont un pouvoir décisionnel presque absolu sur les contenus des cours et sur la manière de les transmettre. Certains consacrent du temps à l'histoire de l'art tandis que d'autres se limitent exclusivement à la réalisation de travaux manuels. Quelques-uns abordent l'art actuel, mais la majorité se concentrent sur l'art traditionnel ou sur l'art moderne. Pour certains, l'art est perçu comme une connaissance pratique de techniques qui permettent de développer des habiletés manuelles et mentales, transférables et utiles pour l'acquisition d'autres disciplines. À l'opposé, nous retrouvons ceux qui croient au potentiel artistique enfoui dans chaque élève ; ils cherchent à faire rejaillir l'expression personnelle, la créativité et l'authenticité.

Ces exemples illustrent deux paradigmes parmi un ensemble de modèles possibles. Tout comme Moniques Richard, je crois que la transformation plastique est accentuée au détriment de l'expérience esthétique et de la réflexion critique. Les élèves réalisent surtout des projets individuels, il y a très peu de projets collectifs. Leurs productions sont surtout « bidimensionnelles et de petit format » (Richard, 1994, p.58). De plus, très peu d'enseignants intègrent les nouvelles technologies dans leur curriculum. Certains sont ouverts à l'interdisciplinarité, le nombre et l'ampleur de ce type de collaboration varient ; le contexte, les moyens, l'énergie et les propositions détermineront si l'enseignant s'investira.

Depuis quelques années, il y a un retour à une idéologie qui prône l'enseignement des matières de base, telles que le français et les mathématiques, au détriment de matières dites secondaires, telles que les arts. La culture pédagogique actuelle véhicule :

surtout des tendances fortement liées au retour à la discipline, qui tend à uniformiser l'enseignante en administratrice scolaire. Ce mouvement conservateur amorcé dans les années quatre-vingt, dans le contexte scolaire québécois ou américain, reflète plutôt la tendance au postmodernisme de réaction ; il réagit à l'expression libre et au laissez-faire du modernisme pédagogique ; il encourage le statu quo, privilégie la norme et se fige dans la rigidité des structures institutionnelles (Richard, 1994, p.211).

Le modèle humaniste, paradigme du modernisme pédagogique, a été détrôné pour être remplacé par la quête de l'excellence qui est de l'ordre de la performance. À un certain moment[10], les arts étaient essentiels au développement cognitif des élèves ; ils sont maintenant relégués au second rang, et même, jusqu'au dernier. Malgré un discours ambiant qui semble promouvoir les arts, plusieurs directions d'écoles ont entrepris, ces derniers temps, des coupures drastiques dans le budget, le personnel qualifié et le temps d'enseignement dédié aux arts plastiques. Les arts et son enseignement sont perçus par plusieurs collègues, parents et directions d'école, comme une perte de temps onéreuse. En plus, plusieurs élèves ont une perception négative des arts plastiques, surnommés couramment les « arts plates ». Ces préjugés scolaires sont le reflet de ceux que l'on véhicule dans notre société. Nous n'avons qu'à ouvrir les journaux et le téléviseur pour constater le peu d'espace et de temps consacrés aux arts en comparaison des sports. Malheureusement les enseignants sont tenus responsables plutôt que les conditions dans lesquelles ils travaillent.

Depuis l'automne 2001, un nouveau programme de formation est en vigueur dans les écoles primaires du Québec. Ses objectifs sont de :

> décentraliser le système scolaire, accroître l'autonomie et la responsabilité des acteurs, faire participer les parents ; grâce à un programme recentré sur les savoirs de base, rehausser les exigences de formation et redonner une place plus

grande à la culture générale ; lutter contre les exclusions ; etc. (Tardif, 2000).

Les caractéristiques de l'enseignement des arts plastiques au Québec seront nécessairement prises en considération pour l'élaboration de la pédagogie rhizomatique. L'observation du contexte québécois m'a permis de constater un problème d'isolement des individus, des disciplines et de l'école. Mais, malgré l'insatisfaction ressentie par les enseignants, les élèves et les citoyens vis-à-vis l'école, et malgré les transformations envisagées dans la réforme éducative, je ne propose pas de changements majeurs à l'organisation scolaire, aux ressources matérielles ou humaines, ni au ratio élèves/enseignant. Ne croyant pas que la situation des arts plastiques s'améliorera d'ici peu, et n'étant pas très optimiste quant au retour de la valorisation de cette discipline, j'opte plutôt pour « faire avec » la situation telle qu'elle est maintenant.

L'effritement, ou plutôt la fragmentation de la société, fait en sorte qu'il ne reste que l'école pour réunir encore un grand nombre de personnes pendant une durée considérable. L'école demeure le lieu où le plus d'individus sont influencés et sensibilisés aux arts plastiques. Cette réalité nous lance le défi d'offrir des cours en arts plastiques de qualité, car ceux-ci seront certainement les seuls que suivront la majorité de la population. Dans ce contexte nous devons travailler de pair avec les outils et la structure actuelle afin que, de l'atelier émergent et circulent des devenirs, des agencements et des désirs.

3.3 L'organisation réticulaire comme analogie structurelle

J'ai débuté cet écrit pédagogique avec une série de repères théoriques et pratiques, présentés dans les chapitres I et II, ce qui pourrait nous ralentir et même nous immobiliser. Pour alléger et clarifier, j'ai sélectionné un petit nombre de concepts théoriques qui définissent cette pédagogie. Chacun des concepts peut être perçu comme un icone (voir tableau 3.1). Celui-ci, comme le propose Pierre Lévy, représente un ensemble de savoirs, de savoir-faire et de savoir-être ; telle la pointe d'un iceberg, il signale la présence d'une partie de son ensemble. Il est comparable à un icone informatique, toujours disponible, prêt à s'ouvrir au double « clic » de la souris, pour donner accès aux réseaux de connaissances et d'expériences reliés au concept qu'il représente.

Si je veux atteindre mon but, celui d'arrimer nos prémisses théoriques à la pratique de l'enseignement des arts plastiques au Québec, je dois obligatoirement concevoir qu'il est impossible de proposer une manière de faire qui incluerait simultanément tous les concepts que j'ai croisés pendant ce parcours. Cet amalgame finirait certainement par aboutir à une seule approche pédagogique, sans aucune variante. Un enseignement vivant et non autoritaire, qui est intrinsèquement en mouvement dans un contexte fluctuant, doit absolument avoir à sa disposition une série d'icones en latence, qui sont toujours disponibles, prêts à émerger pour répondre à des situations planifiées ou imprévues, à des objectifs de différents ordres, et aux besoins d'un élève ou de tout un groupe. Cette série d'icones à agencer permet à l'enseignant d'entreprendre plusieurs avenues : des propositions ayant des objectifs académiques bien précis aux projets plus risqués.

J'ai retenu, pour les intervenants scolaires, les élèves, les parents et la communauté[11], les icones principaux qui composent l'approche rhizomatique. Pour l'instant, ils sont classés en quadrille et en ordre alphabétique, une manière qui, selon moi, facilite leur mémorisation. Il est important de se les approprier pour ensuite les manipuler et les agencer.

Tableau 3.1

Icones croisés, retenus pour l'amorce de la pédagogie
rhizomatique

aléatoire	alternance	ancrage	antagonisme
apprenssage	arts plastiques	capacité	circulation
classe	collègues	communauté	connexion
contexte	contrôle	désir	déstabilisation
déterritoriali-sation	devenir	différence	direction d'école
diversité	école	élève	émergence
enseignants	[12]	évaluation	forum
gestion de classe	hétérogénéité	homogénéité	identité
imprévu	Interdiscipli-narité	isolement	légèreté
mobilité	mouvement	multiplicité	non-hiérarchie
objectifs	ouverture	parents	pédagogie
potentialité	projets	réciprocité	réseau
rhizome	risque	savoirs	savoir-être
savoir-faire	singularité	souplesse	vitesse

Dans cette proposition pédagogique, l'enseignant et l'élève disposent de cette série d'icones qu'ils agencent pour répondre à des besoins, pour proposer des situations ou pour comprendre de nouvelles réalités. Ils créent des agencements de l'ordre de la carte, et non du calque, en composant une sélection qui converge et devient une piste possible pour réfléchir, entreprendre, répondre ou définir une situation scolaire. L'acte d'agencer est inévitable lorsque nous nous retrouvons devant cette quantité de références hétéroclites, car on retrouve des contradictions et des répétitions qui ne peuvent pas toutes coexister simultanément dans une situation donnée. Comme enseignant en arts plastiques, je sais bien que lorsque nous mélangeons trop de couleurs, le résultat est toujours le même : le brun. Je crois qu'il est impossible d'être à la fois en circulation, hétérogène, singulier, ouvert à l'autre tout en étant en contrôle, et ceci dans un contexte d'apprentissage de savoirs spécifiques. Cette position ne m'empêche aucunement de promouvoir la multiplicité dans cette approche pédagogique. L'enseignant en arts a plusieurs objectifs à atteindre dans un certain laps de temps. Il développe des approches et des stratégies qui varient selon l'élève, le groupe, l'objectif, le moment de l'année ou même de la journée. Il s'adapte au contexte, il est sensible à l'énergie présente, aux forces et faiblesses du moment et de chacun, pour ensuite sélectionner ou laisser émerger des agencements d'icones. L'élève se retrouve dans le même processus, il doit atteindre une série d'objectifs, toujours dans un certain laps de temps. D'une discipline à une autre, d'un enseignant à un autre, il doit s'adapter et trouver des stratégies pour répondre aux attentes. Une pédagogie qui activerait simultanément tous les concepts, premièrement, nous immobiliserait, deuxièmement, uniformiserait la pratique et, troisièmement, ne permettrait pas l'émergence d'agencements personnalisés.

L'enseignant, tout comme l'élève, est un agenceur de nœuds qui représentent des savoirs, des savoir-faire et des savoir-être. Si ces nœuds sont de même nature, c'est-à-dire homogènes, on se retrouve devant un agencement de l'ordre du réseau. Si les nœuds sont hétérogènes, leur agencement sera de l'ordre du rhizome .

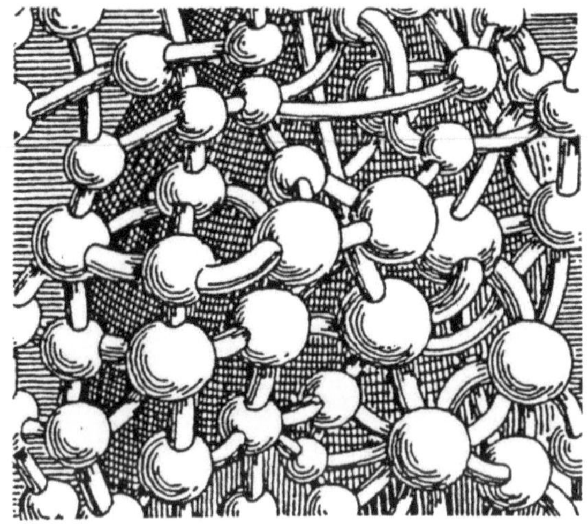

Figure 3.1 Agencement réseautique

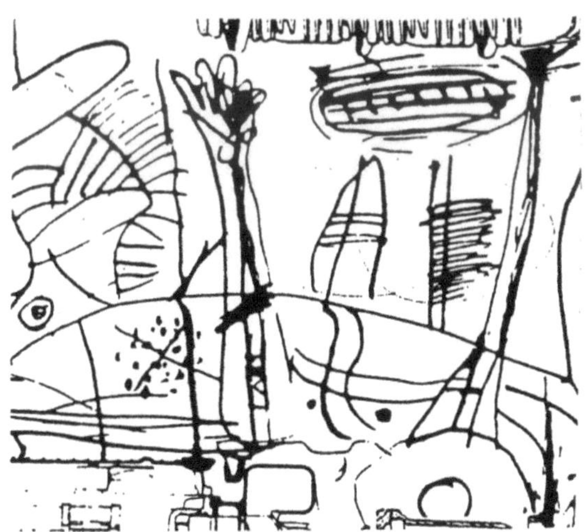

Figure 3.1.1 Agencement rhizomatique

À ces deux structures réticulaires je superpose les icones du tableau 3.3. Puisque la classification des icones principaux en quadrille ne correspond pas à l'approche rhizomatique, je remplace cette structure trop statique et rigide par celles du réseau et du rhizome (voir figure 3.2 et 3.2.1). Chacun des nœuds de ces deux structures est associé cette fois à un icone que nous appellerons nœuds iconiques.

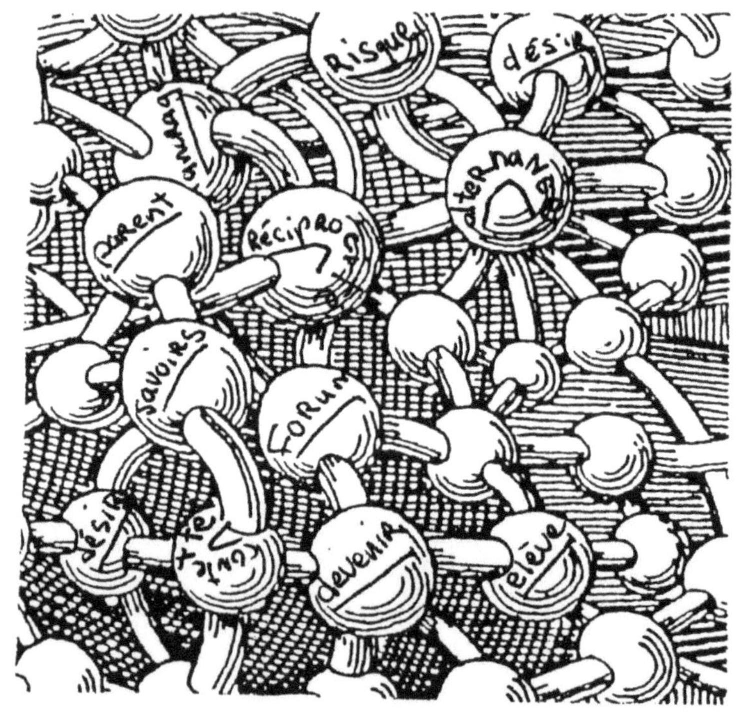

Figure 3.2   Réseau constitués de nœuds iconiques

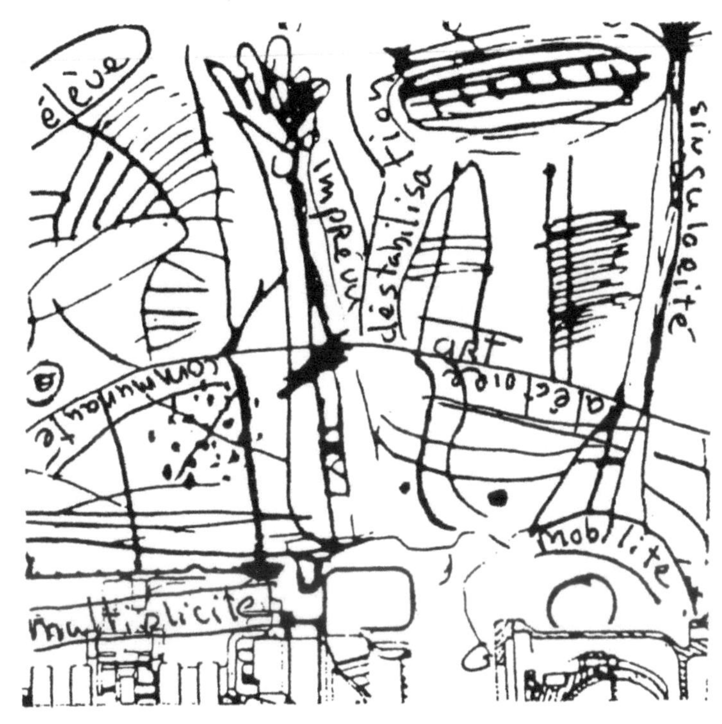

Figure 3.2.1   Rhizome constitués de nœuds iconiques

À partir de là, il n'y a qu'un pas à faire pour associer ces structures réticulaires constituées de nœuds iconiques au concept du marcheur-pédagogue. Le corps du marcheur-pédagogue est constitué en réseaux et en rhizomes ; il est, à certains moments, un homme-réseau et, à d'autres, un homme-rhizome (voir figure 3.3.1). Ces deux agencements réticulaires sont utilisés comme une analogie structurelle dynamique qui représente le corps du marcheur-pédagogue. Tel que l'affirme Gauthier, d'après Deleuze et Guattari, « un corps n'est pas un organe ni une fonction organique, mais un agencement qui varie d'après ses connexions, ses rapports de mouvement et de repos, de vitesse et de lenteur » (Gauthier, 1989, p.5).

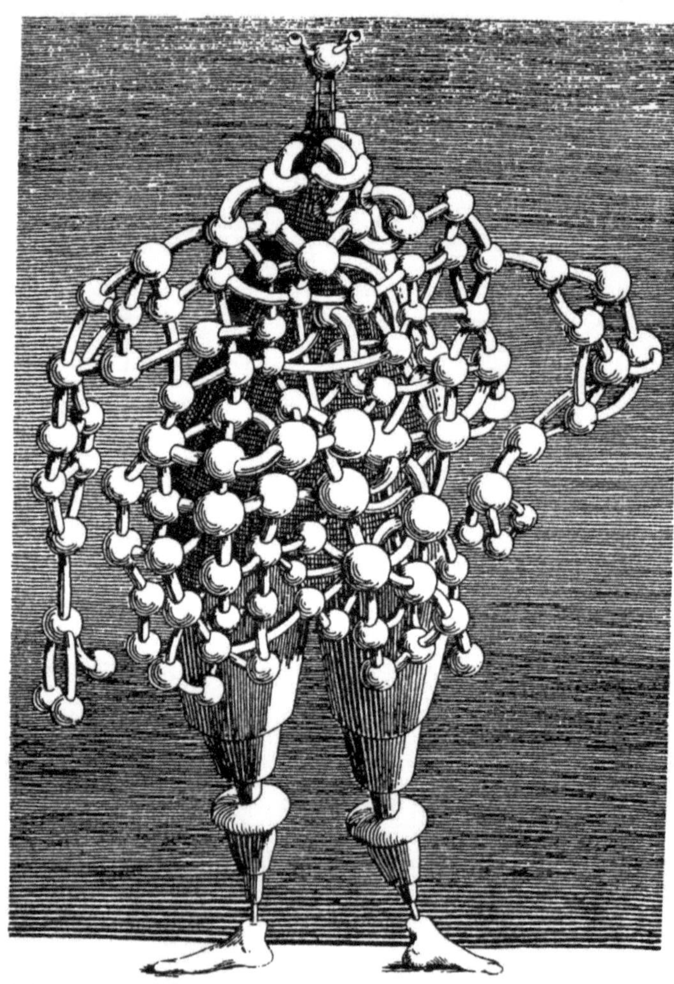

Figure 3.3 L'homme-réseau

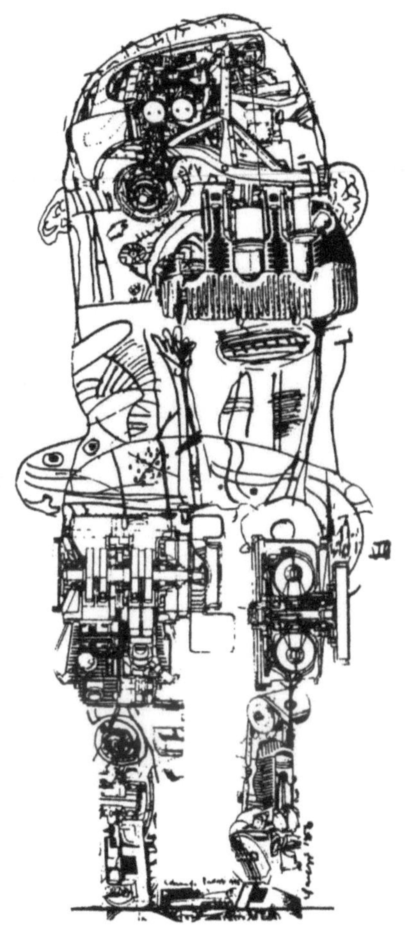

Figure 3.3.1 L'homme-rhizome

Ces deux personnages sont constitués de nœuds iconiques. Certains icones sont reliés aux nœuds de l'homme-réseau, d'autres sont associés à ceux de l'homme-rhizome, tandis que certains se retrouvent dans les deux personnages car ils définissent le réseau et le rhizome ou sont des éléments fondamentaux de cette recherche. Par exemple, nous retrouverons l'icone de l'homogénéité dans un des nœuds de l'homme-réseau, et celui de l'hétérogénéité, dans l'homme-rhizome. Mais, en ce qui concerne le marcheur-pédagogue[13] (voir figure 3.4), il est constitué de connexions réseautiques, rhizomatiques et même arborescentes. Il admet et se nourrit de tous ces types de connexions.

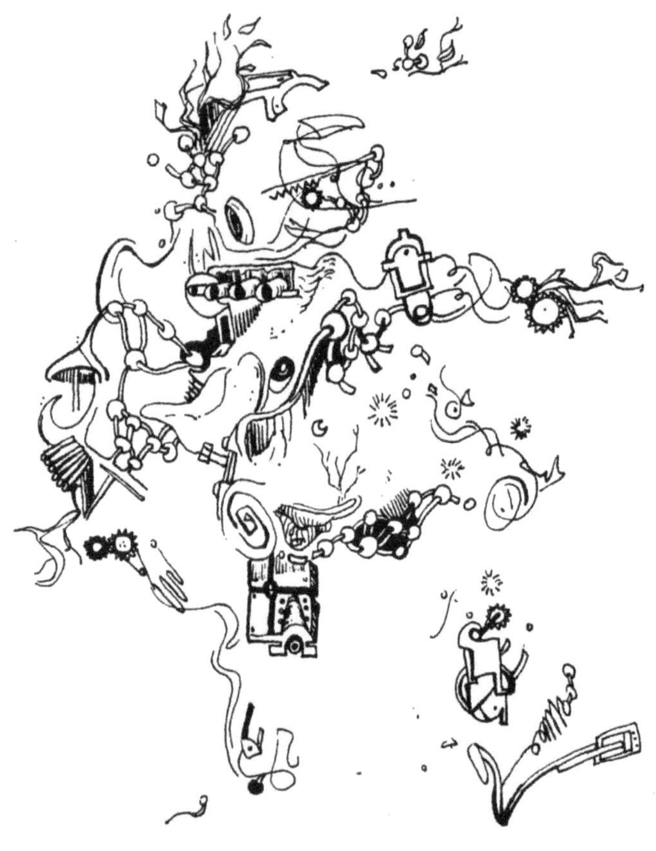

Figure 3.4 Le marcheur-pédagogue
À l'intérieur de cet agencement, il y a circulation d'énergie et de fluides qui mettent en mouvement le marcheur-pédagogue.

Comme chaque nœud est au service du tout et le tout au service de chaque nœud, nous devons percevoir cette structure réticulaire comme étant continuellement en transformation : ruptures, additions et soustractions de connexions composent perpétuellement de nouveaux nœuds pendant que d'autres se rompent. Cet agencement est permutable ; il change de forme, rapetisse à certains endroits tout en s'agrandissant à d'autres.

L'analogie structurelle dynamique qu'est le marcheur-pédagogue me permet de présenter les icones sans hiérarchie ni ordre précis. Ce marcheur-pédagogue n'est pas seulement un enseignant, il peut aussi être un élève, un parent, un artiste, un directeur d'école, c'est-à-dire tout individu interpellé par l'éducation artistique. Je crois que tous les intervenants, incluant les élèves, sont à un moment ou un autre des pédagogues. Régulièrement nous demandons aux élèves de trouver eux-mêmes des stratégies pédagogiques personnelles qui leur permettraient de mieux acquérir les savoirs scolaires. Étant tous des agenceurs d'idées et d'expériences, nous marchons, tel le marcheur-pédagogue : à chaque pas naissent et disparaissent, spontanément ou par préméditation, des nœuds iconiques. Les structures dynamiques du réseau et du rhizome ressemblent aux parcours de notre vie et à sa dimension aléatoire.

> Nous faisons rhizome, c'est-à-dire que notre parcours bifurque au gré des agencements, emporté par le désir qui connecte toujours avec d'autres flux, tracés imprévisibles où nous ne sommes plus des personnes mais des héccéités (Gauthier, 1989, p.65).

La mise en marche de ce personnage (voir figure 3.5 à 3.10) provient de l'énergie que déploie la circulation du désir, et de la rencontre des lignes de fuite. Le désir est friand des lignes de fuite ; il n'existe que par elles. Aussitôt qu'une ligne se dessine, il y est engagé. Ayant toujours besoin de plus de connexions, le désir circule dans le corps arborescent, réseautique et rhizomatique du marcheur-pédagogue.

Investissons cette analogie structurelle jusqu'à énoncer que nous ne retrouvons plus un seul cœur arborescent qui initie toute la circulation, mais de multiples nœuds en émergence qui propulsent le désir vers de nouvelles lignes de fuite, et le marcheur-pédagogue vers de nouveaux devenirs.

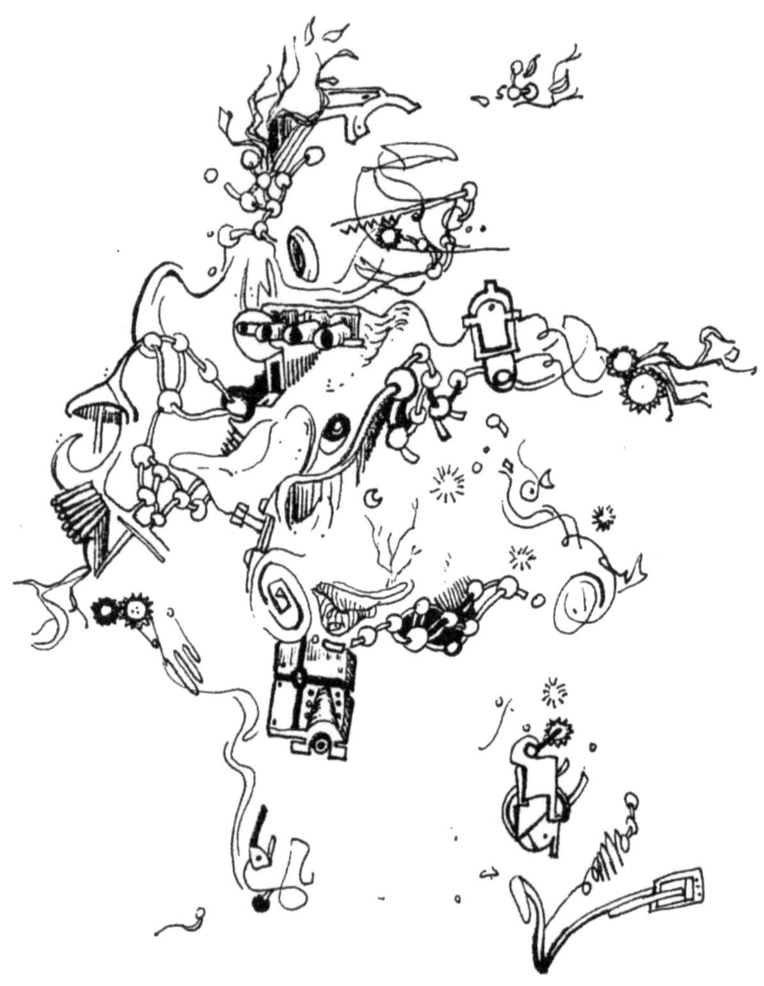

Figure 3.5 Le marcheur-pédagogue en mouvement I

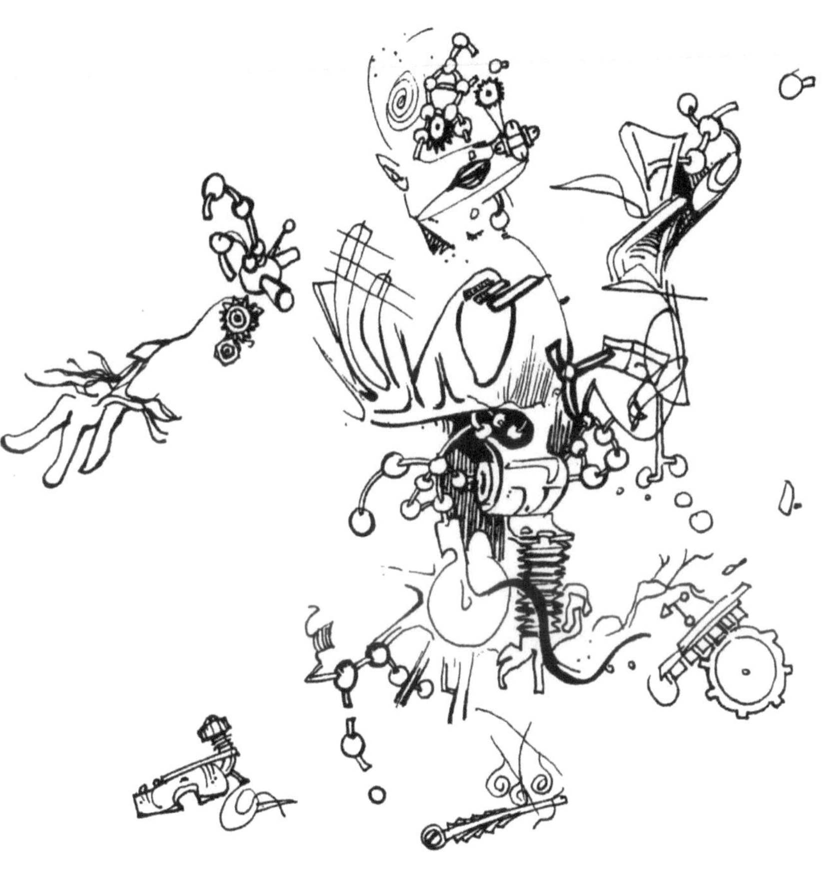

Figure 3.6 Le marcheur-pédagogue en mouvement II

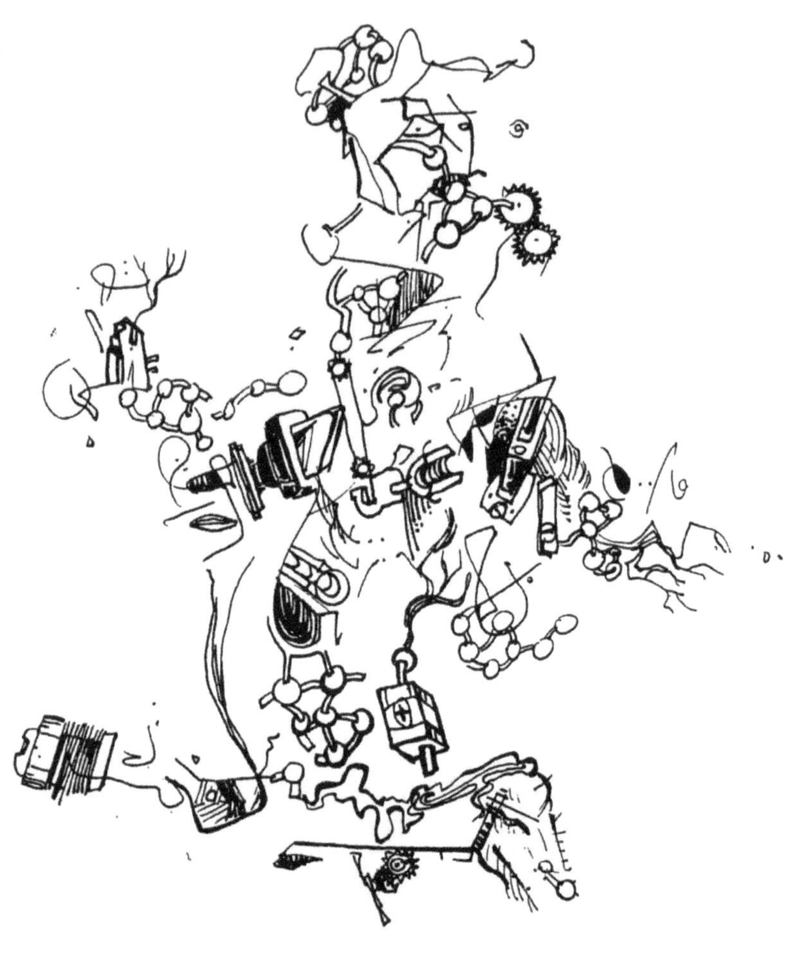

Figure 3.7 Le marcheur-pédagogue en mouvement III

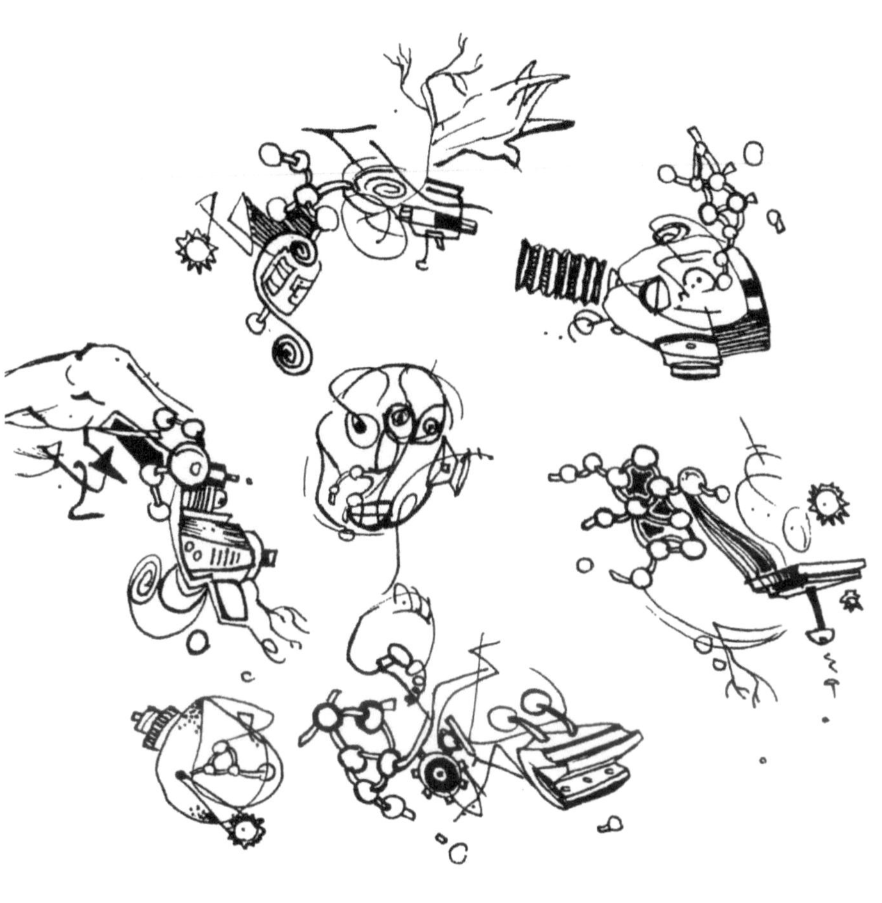

Figure 3.8 Le marcheur-pédagogue en mouvement IV

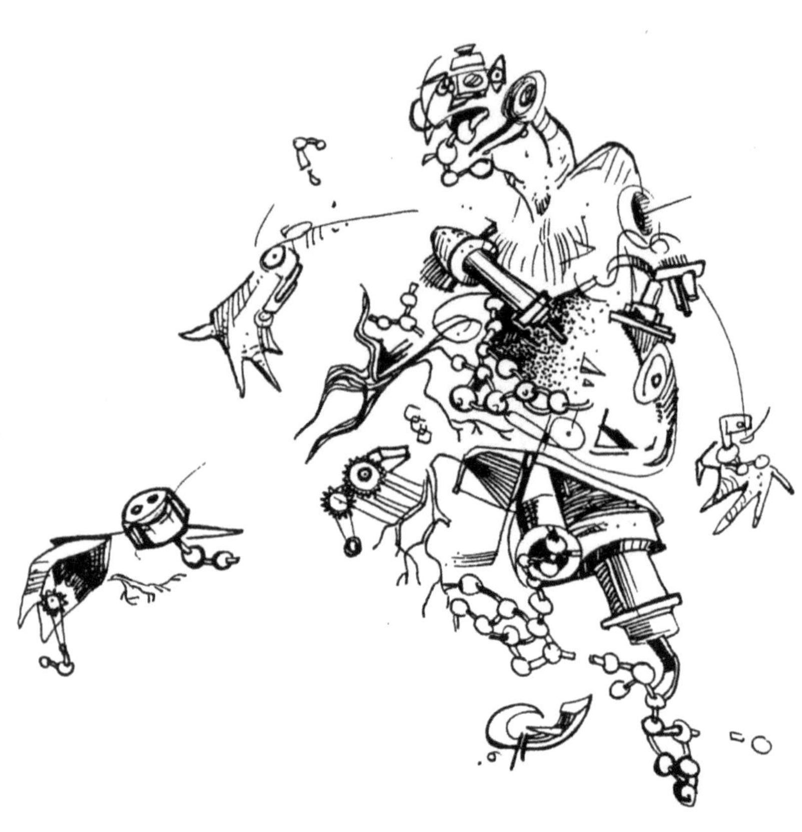

Figure 3.9 Le marcheur-pédagogue en mouvement V

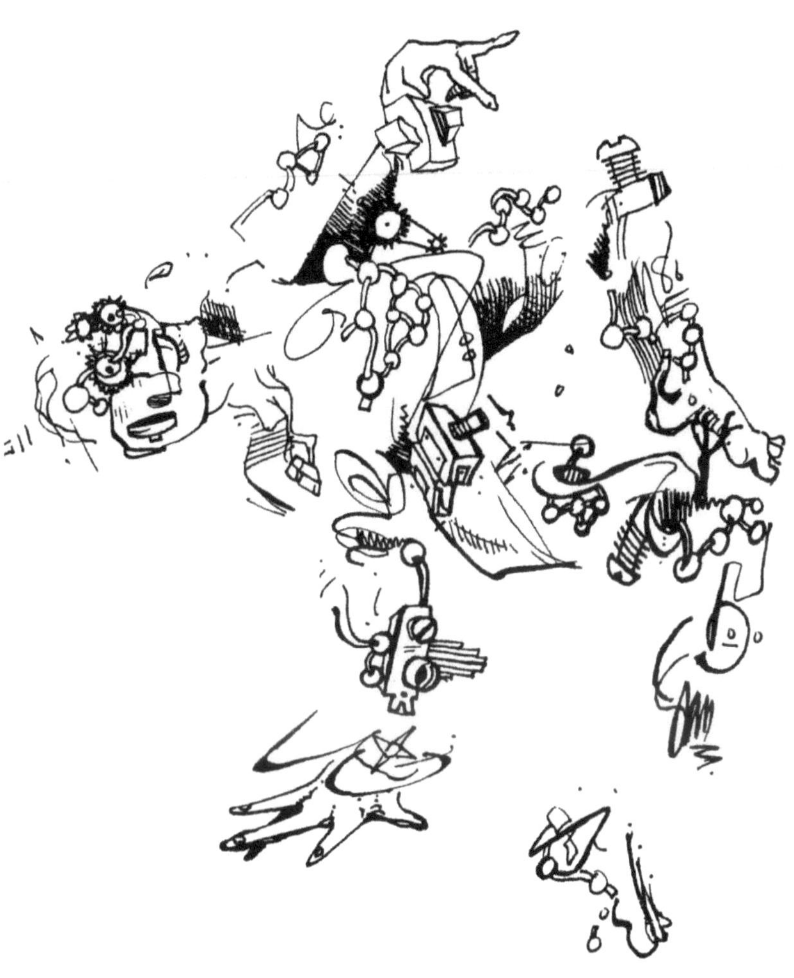

Figure 3.10 Le marcheur-pédagogue en mouvement VI
Avec son organicité réticulaire et permutable, le marcheur-pédagogue sert aussi d'analogie pour représenter l'approche méthodologique de cette recherche. Désirant respecter certains

principes deleuziens du rhizome, je cherchais une manière de présenter mes idées. Comment pouvais-je commencer cette proposition de pédagogie ? Par ordre d'importance ? Par ordre alphabétique ? La solution que j'ai adoptée en est une de l'ordre de l'agencement dynamique d'icones. Je crois qu'il est pertinent de penser les choses non pas en elles-mêmes mais selon leur rapport. Étant moi-même un marcheur-pédagogue, j'amorce la pédagogie rhizomatique comme agenceur d'icones. Cette méthode rend possible l'introduction des icones sans ordre préétabli et de créer des agencements qui génèrent du sens. Croyant que l'enseignement des arts plastiques doit être dynamique, cette analogie du marcheur-pédagogue offre un immense potentiel d'analyse. Le pédagogue qui agence se permet une latitude, une liberté de penser car il s'éloigne de l'objectif de vouloir construire des vérités. Le marcheur-pédagogue doit être en mouvement pour croiser des réalités, des idées et des individus, c'est-à-dire d'autres nœuds, qu'il agencera dans un esprit rhizomatique. Sa mise en marche est déclenchée par la circulation du désir dans son corps réticulaire.

3.4 Aspiration et propulsion du désir

Le désir, ici, n'est pas de l'ordre d'un manque à combler : il est plutôt de l'ordre de la machine. C'est un désir machinique, qui est continuellement en circulation pour produire de nouveaux agencements, des devenirs, des ruptures et des déterritorialisations. Le désir fonctionne

> comme production, pas comme une production de fantasmes car c'est encore se situer dans le manque de l'objet, mais comme production machinique faite de rencontres, de coupures et de flux (Gauthier, 1989, p.41).

Le désir est toujours disponible à suivre de nouvelles lignes de fuite pour se mouvoir, ce qui rends impossible de le concevoir hors d'un agencement. Les agencements du marcheur-pédagogue sont composés de nœuds iconiques traversés par des lignes de fuite. Le désir qui circule dans le corps du marcheur-pédagogue s'inscrit dans une pragmatique multipliant les types d'agencements, créant ainsi un perpétuel changement de configuration de ce personnage. Le désir l'active et le met en marche pour entreprendre un parcours, tracé sur la carte du territoire de l'éducation artistique.

Dans la classe-réseau, le désir enclenche la circulation de savoirs, de savoir-faire, de savoir-être et d'émotions ; inversement, ceux-ci peuvent déclencher la circulation de désirs. Ces deux mécanismes de circulation sont présents dans la pédagogie rhizomatique. Croyant que notre rôle d'enseignant est de mettre en œuvre des déclencheurs, il est essentiel de se questionner sur la nature de ceux-ci. À partir de références théoriques, de même que de ma pratique, j'en ai identifié quelques uns afin de permettre le repérage de ce qui stimule, propulse et inspire l'élève et l'enseignant (voir tableau 3.2). Ces déclencheurs sont des référents que l'enseignant doit prendre en considération pour agencer des projets qui activent la circulation de ses désirs et ceux des élèves. Il doit être attentif aux singularités des élèves et des groupes pour y découvrir les propulseurs et les inspirateurs de désirs et ainsi développer une complicité rhizomatique. Il ne m'importe guère de savoir d'où proviennent ces désirs pas plus de me questionner sur leurs valeurs. Ce qui m'intéresse, c'est de constater leur présence et leur influence chez l'élève pour favoriser son intérêt et son implication au contenu du cours d'arts plastiques. Tout comme les icones, ils sont présentés par ordre alphabétique ; comme aucun ne prédomine, il devient impossible et inutile de les classer hiérarchiquement.

Tableau 3.2

Propulseurs et inspirateurs de désirs

alternance	apprentissage	aspiration	collaboration
compétition	[14]	conflit	connaissance
créativité	curiosité	dialogue	défi
découverte	émerveille-ment	énergie de groupe	enseignant
estime	étonnement	habileté	imagination
matériaux	imagination	mise en situation	obsession
parents	passion	performance	plaisir
production personnalisée	risque	thème	variation

Je pourrais appuyer chacun de ces déclencheurs de désirs par la pensée de pédagogues, mais je me limiterai à quelques exemples. Rousseau misait sur le « désir de connaître, qu'il percevait comme un besoin inné chez l'enfant » (Pallascio, 1996, p.35) ; quant à Pestalozzi, la curiosité naturelle de l'élève, soutenue par un enseignant qui agit comme personne-ressource, devient le moteur principal du développement cognitif et de l'acquisition de compétences ; Louis Legrand (1972) propose une pédagogie de l'étonnement « qui pourra seule entretenir et enrichir une ouverture intellectuelle indispensable à tout progrès ultérieur ». Ces pédagogues ont identifié des éléments fondamentaux à la réussite de la transmission et à l'acquisition de la connaissance, qui se

116

transposent dans la pédagogie rhizomatique par des déclencheurs de la circulation de désirs. Je crois qu'il est impossible d'identifier précisément tous les déclencheurs des flux de désirs de l'élève. Lors de la mise en œuvre de projets et d'activités, l'enseignant propose une série de propulseurs : certains sont planifiés tandis que d'autres sont de l'ordre de l'intuition. Cette situation rend leur identification difficile et il est encore plus ardu de cerner leur rôle. Étant tous présents à un moment ou un autre, dans une approche rhizomatique, mon intérêt se situe surtout à identifier leur potentiel de mise en circulation. Cette circulation est nécessaire pour que l'élève puisse être en action et créer des agencements dynamiques en lien avec le cours d'arts plastiques. L'énergie que génère cette circulation transporte l'élève et favorise la levée de ses inhibitions intellectuelles, émotives ou manuelles. Il en oublie certaines habitudes, croyances ou attitudes néfastes à l'apprentissage de différents savoirs. J'y reviendrai plus longuement lors des agencements d'icones. Je crois qu'un des objectifs de l'éducation est d'initier des élans de vie chez l'élève. La présence d'inspirateurs ou de propulseurs encourage l'élève à entreprendre ou poursuivre un objectif, un travail, un dialogue, une collaboration qui lui permettra éventuellement de créer ses agencements.

Malgré le rôle important de l'enseignant dans cette mise en circulation, l'élève doit prendre conscience de ce qui le motive ; il ne peut être constamment en attente. Il doit aspirer à une dynamique personnelle qui favorise une circulation pouvant porter ses désirs vers de nouveaux devenirs. Les contextes culturel, familial et scolaire doivent être favorables pour permettre cette circulation, car ils sont les éléments déterminants « entre un désir d'apprendre qui naît et s'active chez l'élève, et le désir qui meurt, faute de n'avoir pu se dire et se nourrir » (Gauthier, 1997, p.287). La participation positive de tous à ce projet rhizomatique est requise pour qu'il y ait circulation du désir à l'école. Certaines écoles sont imprégnées par une énergie et une ambiance négatives étant difficiles à modifier. Je crois, tel l'artiste Beuys, que des énergies psychiques ancrées sur certains territoires ou matières ne peuvent être changées car elles sont presque innées à ce lieu. Par exemple, ma propre expérience comme marcheur m'a dévoilé que certains lieux ont intrinsèquement une histoire et une énergie qui bloquent ou favorisent la circulation. J'ai constaté, en traversant une série de villages, comment certains dégagent une énergie positive, un bonheur d'y vivre, alors que d'autres semblent malsains, comme si rien ne pouvait y germer. Ces constatations se sont avérées récurrentes lors de plusieurs de mes randonnées. Il y a un lien indéniable et une influence réciproque entre la communauté et l'école, l'épanouissement de l'un étant dépendant de l'autre.

Une seule règle s'impose lorsqu'on pense à une approche rhizomatique : « tout va sauf ce qui empêche le désir de circuler » (Gauthier, 1989, p.206). Le milieu scolaire rassemble plusieurs types d'intérêts, de forces et d'individus ayant des objectifs divergents. Cette situation ralentit et même crée des blocages dans la circulation de désirs. Plusieurs éléments engendrent la coagulation et la calcification des artères de circulation du marcheur-pédagogue. Il est impossible de tous les nommer, mais il est certain qu'une « philosophie non dogmatique et critique aurait pour critère [...] l'impératif de laisser le désir circuler et de lutter contre ce qui empêcherait cette circulation » (Gauthier, 1989, p.86). Tout individu impliqué dans un contexte éducationnel doit faire attention à la cristallisation des circuits d'échange. Le tableau 3.3 propose quelques interrupteurs ou ralentisseurs de circulation.

Tableau 3.3

Interrupteurs ou ralentisseurs de circulation

autorité	confiance en soi	conformisme	cours mal préparé
durée et fréquence des cours	incompatibilité entre les individus	inculture	manque de respect
matériaux inadéquats	[15]	peur de l'échec	préjugé
prise de position	statistique	thème	uniformisation

Ces quelques exemples sont de bons indices pour saisir la difficulté de mettre en place une approche préconisant un enseignement artistique qui favorise la mise en circulation des désirs de tous et chacun. En plus, n'oublions pas que les pulsions du désir chez les adolescents ne sont pas toujours apprivoisées. Ils sont à un moment de leur vie où ils explorent autant leurs propres limites émotionnelles et intellectuelles que celles des autres.

L'enseignant joue un rôle prépondérant dans cette possible circulation des désirs. Il doit les détecter, les stimuler, les provoquer et les canaliser. Il devra amener certains élèves à emprunter des lignes de fuite : « l'enseignant cherche à provoquer le désir, il vise la liberté de l'élève, non son assujettissement » (Gauthier, 1997, p.283). Pour d'autres, il devra canaliser la multiplicité de connexions, de devenirs, de désirs qu'ils peuvent générer. Il doit être attentif et prévoyant à l'arrivée de blocages, aux aguets quant à l'imitation et à la perte du territoire identitaire qui court-circuite les devenirs. Certains élèves se sécurisent en empruntant toujours les mêmes lignes de fuite, pour créer les mêmes agencements et les mêmes parcours de déterritorialisation et reterritorialisation. Pour contrer cette situation, l'enseignant doit préconiser la diversité hétérogène pour ainsi favoriser la circulation du désir et l'émergence de nœuds créatifs. Il doit aussi « soutenir l'attention, susciter l'adhésion, vaincre la résistance pour libérer le désir d'apprendre, de comprendre et de transformer le monde » (p.281), et « travailler à rendre désirable le savoir en le faisant significatif pour l'élève, et donc, souhaitable, préférable » (p.288).

Le désir d'apprendre de l'élève l'incite à se déplacer vers les sources de connaissance pour s'y connecter, dans le but de répondre à des besoins ou tout simplement pour enrichir celles qu'il détient déjà. Pour que cette circulation du désir de l'élève soit possible, encore faut-il qu'elle le soit pour l'enseignant, qu'il puisse parler de son désir, argumenter en sa faveur, en faire valoir la signification, la valeur, la pertinence, tout en y insérant ses intuitions, ses connaissances et les spécificités de sa discipline. Les arts plastiques et ses référents, les œuvres d'arts et les artistes, sont tissés de devenirs et de déterritorialisations qui offrent à l'enseignant et aux élèves une multiplicité et une diversité de propositions. Ces dernières sont des points de repère dans la création d'agencements de situations, de projets, de collaborations et de savoirs qui proposent de nouveaux devenirs.

J'ai cerné des déclencheurs et quelques blocages de la circulation du désir chez l'élève et l'enseignant, mais il aurait été important d'aborder une réflexion sur ceux des parents, des autres enseignants, de la direction d'école et de certains individus de la communauté. L'enseignant en arts plastiques a certainement un rôle à jouer, en ce qui concerne la circulation des désirs des autres intervenants en milieu scolaire et auprès des parents, mais je crois que sa tâche primordiale est d'être disponible à communiquer avec eux, réceptif et actif dans l'échange pour favoriser des connexions qui brisent l'isolement que nous vivons tous dans le milieu scolaire.

Le marcheur-pédagogue est composé d'un corps à la fois réseautique, rhizomatique et, même, arborescent ; il se met en mouvement par l'énergie générée par la circulation du désir puis entreprend un parcours. Ce devenir-marcheur-pédagogue de l'élève et de l'enseignant les déterritorialise. Leur devenir-autre les transporte sur un autre territoire où s'ouvre à eux une nouvelle série de lignes de fuites qui active la circulation de désirs. Cet agencement de relais, pour qu'un individu puisse être finalement en puissance, peut être inversé et recomposé. Il n'y a pas d'ordre idéal pour que circule le désir ou pour être en devenir et déterritorialisé. Tous les parcours sont possibles afin de vivre des expériences scolaires faisant appel au maximum de nos capacités et de nos potentialités. Ce processus, où l'on ne retrouve ni début ni fin, me semble la meilleure façon de penser à une pédagogie qui s'inspire de la pensée deleuzienne.

À chaque pas, la configuration du corps du marcheur-pédagogue se modifie, des nœuds prennent forme, pendant que d'autres éclatent. Cette dynamique génère sans cesse de nouveaux agencements de nœuds iconiques. Comme il est impossible de vous faire part de ma réflexion sur tous les agencements possibles entre ces icones, dû à son infinité de possibilités, je vous propose quelques agencements d'icones pour continuer à penser à la pédagogie rhizomatique.

3.5 Agencement de nœuds iconiques

L'agencement s'appuie sur le désir, celui de se connecter et de multiplier les rencontres ; il cherche à combler son perpétuel désir de se réaliser. Il est donc impossible de saisir ou de concevoir un agencement qui ne soit pas dynamique. L'enseignant et l'élève cheminent dans un monde continuellement en changement car leur environnement « n'est pas une donnée fixe, nous le construisons sans arrêt par des interprétations renouvelées » (p.117). L'élève d'aujourd'hui semble très prédisposé à devenir un agenceur actif. L'idéal traditionnel de l'élève tranquille et attentif fait place à celui de l'élève plein de mouvements et d'initiatives. La qualité première de l'élève d'hier, soit la capacité de reproduire consciencieusement ce que le maître et le manuel présentaient, a perdu sa valeur ; on lui préfère une autre qualité : la spontanéité productive et créative. Quant à l'enseignant, il est confronté quotidiennement à une multitude et une diversité de réalités scolaires qu'il agence pour en retirer un maximum de sens et de profits pour la pratique de son métier. En ce qui concerne l'école,

> elle ne parvient plus à unifier les multiples forces qui agissent sur elle, à les réguler sous la forme de projets et de programmes globaux. Bref, elle échoue aujourd'hui à élaborer des normes collectives intériorisées par tous et, en somme, à bâtir une culture scolaire commune (Tardif, 2000, p.13).

De plus en plus, elle devra agencer ses réalités multiples pour répondre, cas par cas, aux situations diverses. L'élève, l'enseignant et l'école doivent tous devenir des agenceurs d'icones, tel le marcheur-pédagogue, pour s'adapter et répondre à la diversité de leurs réalités et, particulièrement, pour pouvoir se glisser d'une identité à l'autre.

Mon désir d'agencement pour penser la pédagogie rhizomatique provient de la nécesssité d'arrimer ma méthodologie aux spécificités corporelles du marcheur-pédagogue. Ce dernier pense et perçoit son environnement de la même manière que fonctionne son corps : par agencements en perpétuel changement. L'acceptation de cette mobilité et de cette absence de fixité m'empêche d'être en quête d'une modélisation pédagogique qui m'octroierait du pouvoir. De plus, je ne veux aucunement être associé au concept d'artiste-pédagogue, bien qu'entre l'agencement deleuzien et le travail d'artiste il y ait beaucoup d'éléments communs. Très brièvement, je peux expliquer cette posture par la constatation qu'il n'y a actuellement, au Québec, presque aucun enseignant en arts plastiques, du primaire et du secondaire, ayant une pratique artistique. Les exigences du métier d'enseignant en obligent plusieurs à abandonner rapidement leur pratique. Cet idéal d'artiste-pédagogue, mis de l'avant dans une certaine formation universitaire, ne correspond aucunement à la réalité.

Afin de réunir au chapitre suivant, les fondements de la pédagogie rhizomatique et certains projets que j'ai réalisés dans les écoles, je vous propose deux agencements, celui de la pédagogie et du réseau, et celui de la pédagogie et du rhizome. Si nous sommes attentif, nous pourrons constater que ces agencements sont constamment traversés par d'autres icones.

3.6 Pédagogie et réseau

Afin de rendre cette recherche accessible au plus grand nombre, j'ai choisi le réseau comme concept opératoire. Le réseau permet la transition entre l'approche pédagogique traditionnelle, caractérisée par une structure arborescente, et l'approche rhizomatique que nous proposons ; le réseau est, en quelque sorte, une antichambre du rhizome. Selon Musso (1997, p.146), le réseau est une technique qui a permis la transition rationnelle du régime féodal au système industriel. Le réseau n'est pas seulement un concept, il est une ingénierie pour activer la circulation, générer des connexions, décentraliser les services et défaire la hiérarchie des rapports. Ce concept opératoire, qui facilite le passage à l'acte, permet à l'enseignant de mettre en place la classe-réseau par étapes et selon ses objectifs, tels que le propose le parcours de notre marcheur-pédagogue. La caractéristique du réseau de pouvoir être planifié et construit est impossible chez le rhizome. Le rhizome et ses connexions hétérogènes sont plutôt de l'ordre de l'émergence, de l'apparition et de la proposition.

La classe-réseau est constituée d'un ensemble d'individus où chacun est un nœud identitaire, croisé par une multiplicité et une diversité de lignes de fuite. Ce concept de classe-réseau prend forme lorsqu'il y a des liens entre des individus, qui permettent la circulation et l'échange des savoirs, des savoir-faire et des savoir-être. La mise en place de cette machine circulatoire qu'est la classe-réseau empêche de passer à côté de la richesse des savoirs des élèves et de l'enseignant car elle donne accès aux ressources de tous et chacun. La structure horizontale du réseau remplace la structure hiérarchique du noyau central qui chapeaute une série de nœuds secondaires. Dans ce contexte, l'enseignant n'est plus la seule source de connaissance ; il n'est plus perçu comme étant le seul point nodal du groupe. On constate le même déplacement pour l'élève : il n'est plus, comme l'entendait l'école moderne, placé au centre de toute approche pédagogique ; il est un des nœuds de cette classe-réseau. Le milieu, les enseignants, la méthode ne convergent plus seulement vers lui.

La classe-réseau, représentée métaphoriquement par l'homme-réseau, peut adopter une diversité de configurations réseautiques. La spécificité des nœuds et le contexte déterminent le type de réticulation qu'empruntera la classe-réseau. Il existe une grande variété de configurations de réseaux : certaines sont étoilées, d'autres bouclées, interpénétrées ou connexes. Le choix ou l'émergence du type de réseau est aussi déterminé par son potentiel de circulation, de contrôle, de rétention et de perméabilité. Les genres de réseaux qui émergent de la classe-réseau sont intimement reliés aux caractéristiques de chaque élève, de l'enseignant et de la dynamique qu'ils génèrent ensemble ; chaque groupe possède une configuration propre. Certains groupes ont besoin de plus d'encadrement, de rétention et même de contrôle pour bien fonctionner. Cette situation fait appel à des réseaux qui sont tissés plus serrés. La capacité et la potentialité de circulation des savoirs et le nombre de connexions seront réduits dans ces groupes. L'expansion et la rétraction des réseaux, l'augmentation ou la diminution de la circulation et la multiplicité des connexions varient selon les situations, les projets et les moments. L'enseignant, tendeur de réseaux, doit en expérimenter différents types pour découvrir leurs spécificités, car chacun d'eux génère une dynamique particulière : certains retiennent les énergies tandis que d'autres les activent.

La configuration du réseau crée la cohésion, stabilise et régularise des ensembles comme la classe. Ce potentiel de mise en forme d'éléments autonomes du réseau confère à la classe une efficacité pragmatique, ce qui nous amène à proposer deux types de déclencheurs de réseau en enseignement : celui qui a comme objectif de résoudre un problème et celui qui consiste à réaliser un projet. La résolution de problèmes et l'élaboration d'un projet dans une classe-réseau font appel aux ressources des milieux scolaire, artistique, familial et communautaire. La classe-réseau relie différents points isolés pour les mettre en communication et les faire converger vers un problème ou un projet. L'enseignant et les élèves déploient des réseaux qui les aideront à atteindre leurs objectifs.

Cette réticulation vers le monde permet de nouvelles rencontres, de découvrir et d'acquérir de nouveaux savoirs pour ainsi briser un certain isolement. Dans la classe-réseau, l'élève et l'enseignant ont l'occasion de diversifier et multiplier les sources de savoirs, et de créer un collectif intelligent, comme le mentionne Pierre Lévy. Ces connexions qui nous relient à d'autres réalités alimentent notre pratique d'enseignant, de même que le curriculum ; elles suscitent l'intérêt des élèves en augmentant le potentiel d'agencement. Le réseau dynamise l'enseignement artistique par ses connexions qui ouvrent des voies où circulent des informations, des outils pédagogiques, des savoirs, des désirs et de l'énergie.

Le réseau, avec ses connexions homogènes, est toujours au service de quelque chose ou de quelqu'un ; il a une fonction, des objectifs qui nous permettent d'évaluer son rendement. Cette dimension fonctionnelle concorde avec plusieurs tâches de l'enseignement. Mais n'oublions pas que le réseau peut être aussi un outil d'homogénéisation et de pouvoir qui génère de l'isolement. Si le réseau est mis en place pour répondre à un faux problème ou s'il supporte un projet qui aliène au lieu d'épanouir, il devient un diffuseur d'aberrations. C'est un moyen, un outil, qui doit être investi par des valeurs et des objectifs proposés dans l'approche rhizomatique. Tel que le mentionne Cauchon, « ce n'est pas le réseau qui crée la conscience, ce n'est pas Internet qui crée le militantisme » (Cauchon, 2000, C9). En effet, le réseau peut favoriser l'homogénéité, uniformiser le processus et la production de l'élève. Par exemple, imaginons un enseignant en arts plastiques désirant mettre en place un réseau qui diffusera des techniques et des savoirs pour répondre au problème d'apprentissage du dessin d'un corps en mouvement. Il réunit trois à quatre élèves, les meilleurs en dessin, et leur enseigne une seule méthode qu'ils diffuseront aux autres de la classe. Ce type de réseau ne permet pas l'émergence d'autres méthodes et ne met en valeur qu'un seul type de dessin. Outil de pouvoir et d'homogénéisation, ce réseau bloque la circulation du désir et ne favorise aucunement l'hétérogénéité. C'est pour cela que le rhizome doit venir se connecter au réseau, afin de proposer des agencements où tout est possible, où tous les types de savoirs, d'imaginaires et d'émotions peuvent circuler.

3.7   Pédagogie et rhizome

La pédagogie rhizomatique doit être perçue comme un réseau et un rhizome de connexions d'idées et de pratiques qui se déploient dans l'espace et le temps. Tout dépendant du point de vue ou du moment, cette proposition peut prendre différentes formes. Cette approche dynamique, qui permet l'errance, les détours, les arrêts et les bifurcations, active la circulation des désirs, pour ainsi favoriser des agencements créatifs entre les nœuds iconiques qui composent le corps du marcheur-pédagogue. En mouvement, elle est constituée de variations et de changements qui l'empêchent de se rigidifier.

Pour atteindre cette mobilité, l'enseignant et l'élève doivent découvrir ce qui propulse leurs désirs, tout en étant aux aguets des éléments qui peuvent bloquer ou ralentir cette circulation. Cette approche explore les moyens de réactiver le plaisir d'apprendre pour que la connaissance et l'expérience ne soient plus perçues par l'élève comme une nécessité imposée par la société. Comme un prestidigitateur, l'enseignant, avec ses tours d'adresse métamorphosent l'objet éducatif pour surprendre les élèves et ainsi faciliter l'apprentissage de nouveaux savoirs. Les mots, la matière, les techniques, l'image, les œuvres d'art et les artistes sont agencés de manière à éveiller l'intérêt de l'élève pour les arts plastiques. Les agencements créatifs proposent des points de vue inattendus, générateurs de sens, qui font appel à notre imagination. Les connexions originales nous étonnent et activent l'intérêt et la curiosité à l'égard de la connaissance.

Le réseau et le rhizome ont quelques déterminants en commun : la circulation, la connexion et la multiplicité. Par contre, ce qui les différencie, c'est premièrement, l'homogénéité des connexions du réseau, versus l'hétérogénéité des connexions du rhizome ; la deuxième différence réside dans la pragmatique du réseau, versus le rhizome qui se déploie sans objectif, de façon imprévisible. L'hétérogénéité et l'imprévisibilité du rhizome se retrouvent en circulation dans la pédagogie rhizomatique, car cette dernière offre un immense potentiel pour penser à une éducation artistique englobant toutes les réalités et, ceci, sans jamais la fixer en permanence dans des principes. Les connexions hétérogènes que préconise la pédagogie rhizomatique m'intéressent particulièrement car elles proposent des agencements hétéroclites. Agençant les différences et la diversité présentes dans la classe-réseau, cette approche permet de découvrir les singularités de chacun. Les agencements rhizomatiques ont comme finalité de laisser émerger de la « diversité subjective, de la diversité qualitative, une augmentation de réalité » (Lévy, 1997, p.196), en favorisant la pluralité plutôt que l'uniformité réductrice. L'identité de l'élève ou de l'enseignant éclate en une diversité de nœuds iconiques, reliés en réseau ou en rhizome comme le corps du marcheur-pédagogue. Ces agencements hétérogènes nous stimulent intellectuellement car ils sont plus susceptibles de nous faire connaître qui nous sommes et dans quel monde nous vivons. Comme tous les types de savoirs, de savoir-faire et toute une gamme d'émotions traversent ces agencements, leur niveau de sophistication est directement relié au raffinement de notre esprit.

Cette position rhizomatique en enseignement des arts plastiques permet de récupérer tous les thèmes, les techniques, les références, et les déclencheurs possibles. De la broderie à la vidéo, en passant par Borduas, tout a un intérêt dans l'optique de l'agencement. Ce qui me permet de croire qu'il est encore possible d'insuffler à certains sujets ou techniques, perçus négativement ou seulement sans intérêt par les élèves, une attraction qui éveillerait leurs sens et piquerait leur curiosité. La connexion, la rencontre et le jumelage d'éléments antinomiques ou divergents stimulent l'imaginaire et même le pétillement intellectuel chez l'élève. Tous les thèmes et les techniques retrouvent une place dans l'approche rhizomatique lorsqu'on les pense comme des éléments mis en rapport dynamique.

Tel le rhizome, l'approche rhizomatique se déploie quotidiennement, non pour atteindre des objectifs spécifiques, déterminés à l'avance, mais bien pour laisser place à l'aléatoire. Si une ligne de fuite imprévue se présente à l'élève, à l'enseignant ou à la classe-réseau, ils peuvent changer de parcours pour l'emprunter, si elle propulse ou inspire encore plus la circulation de leurs désirs. L'important est d'être en mouvement et de laisser une place à l'émergence des événements au hasard, sans aucune loi fixe, car l'approche rhizomatique fuit les généralités qui peuvent nous faire passer à côté du devenir. Cette ouverture à l'imprévu, qui permet de bifurquer de certains objectifs mis en place en amont, dynamise l'enseignement des arts plastiques car elle exige de tous d'être alerte et à l'écoute des lignes de fuite qui traversent la classe-réseau. Cette position développe une aptitude à s'adapter rapidement à la réalité qui est constamment en changement. De plus, l'acte d'agencer des savoirs, des ressources, des individus et des émotions, dans l'optique de créer du sens, stimule l'imagination, la créativité et la raison.

Toujours de l'ordre de l'inclusion, et non de l'exclusion, cette approche ne discrimine pas car elle n'est pas à la recherche d'une vérité. Elle est plutôt en quête d'agencements significatifs qui stimulent l'élève vis-à-vis de sa production artistique, son processus et qui enrichissent sa perception de l'art et des artistes. La pédagogie rhizomatique, où tout n'est pas prédéterminé, accepte et même souhaite l'interférence. L'acceptation de l'autre, de l'ailleurs et de l'inconnu offre une liberté au parcours, tout en permettant l'émergence de la singularité. La rencontre et même la connexion avec l'autre ne signifient pas pour autant qu'il y ait concession ou modification de notre entité. Il est essentiel de garder nos spécificités lors de la rencontre avec l'autre. Dans cette approche, la différence, qui peut être perçue négativement, devient féconde et créatrice d'agencements fertiles : « La collaboration favorise une complicité ludique entre pairs ; elle respecte les singularités dans la diversité du groupe » (Richard, 1996, p. 15).

La rupture de liens et de parcours dans la classe-réseau ne doit pas être perçue négativement car elle permet de nouvelles rencontres, qui enclenchent la déterritorialisation et de nouveaux devenirs. La pédagogie rhizomatique favorise l'ouverture d'esprit, la souplesse, la légèreté, la curiosité et le risque, pour que tous et chacun puissent se connecter ou se laisser traverser par des réalités qui ne permettent pas de prévoir le sens qui en émergera. Agencer c'est prendre des risques, parier sur l'inconnu, remettre sur le métier chaque jour son rapport au savoir. Cette ouverture à l'imprévu, où tout peut circuler sans discrimination dans la classe-réseau, jumelée au potentiel de la connexion hétérogène, rendent possibles tous les types d'agencements. L'acte d'agencer dans le milieu de l'enseignement des arts plastiques fait appel à l'émotion, au physique, à l'intellect, à soi, à son voisin, à toutes les réalités de la vie et de notre environnement. Il permet de créer une partition éducative, comparable à la partition musicale de Goldstein (voir figure 3.7), où l'enseignant maîtrise certains codes pour composer des agencements ayant des rythmes, des intensités, des durées et des alternances variés.

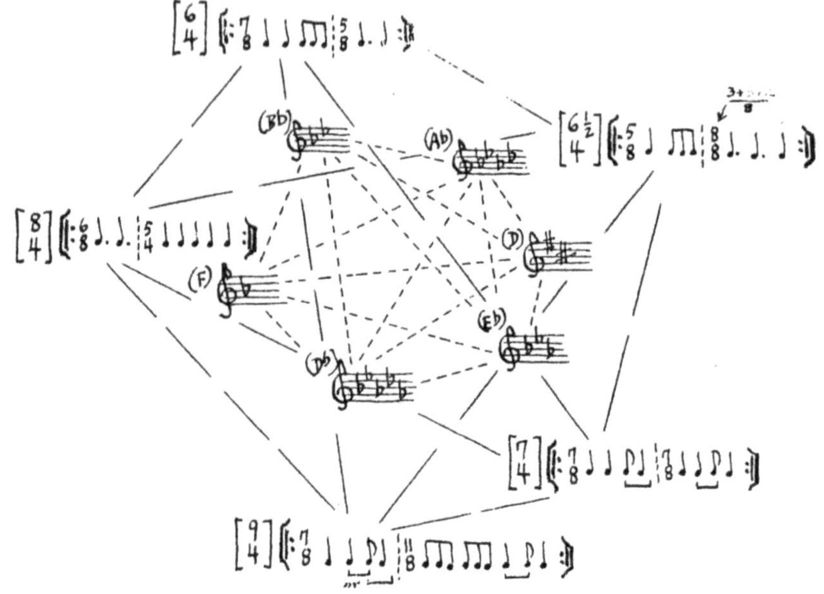

Figure 3.7 Partition musicale de Goldstein

À certains moments, lors de la mise en œuvre de ses cours, l'enseignant doit « oublier le bon sens et le sens commun pour que le sens émerge du non-sens de l'élément paradoxal » (Gauthier, 1989, p.71), afin de remettre en question certains *a priori* sur le monde. Les connexions et les agencements hétérogènes qui étonnent et surprennent captent l'attention de l'élève et, même, le déstabilisent vis-à-vis de sa perception du monde. Il est nécessaire de déstabiliser l'élève pendant un court laps de temps, par des agencements inhabituels et créatifs, pour qu'il perde certains réflexes, préjugés et habitudes. Cette perte temporaire de contrôle et de références provenant de l'incompréhension ou de la richesse de l'agencement le rend disponible, plus poreux à des situations ou des points de vue auxquels il aurait habituellement refusé d'adhérer ou de participer. Tel le marcheur-pédagogue dans un labyrinthe, l'élève, « après s'être perdu, a ouvert toutes les portes de soi-même » (Attali, 1996, p.139). Déstabilisé et perdu, il sera plus disponible, plus libre de choisir une direction sans que celle-ci soit hypothéquée par ses préjugés ou sa peur d'être ridicule devant ses camarades. L'étonnement et la surprise que provoquent les connexions et les agencements créatifs le déséquilibrent temporairement, pour le transformer momentanément en récepteur plus ouvert. C'est un moment privilégié pour l'enseignant lorsque l'élève est déstabilisé, ce dernier est plus que jamais prêt à s'aventurer sur des voies inaccoutumées.

Cette brève perte de certains de ses préjugés et d'une certaine autocensure le transforment ; il n'est plus le même, il ne se reconnaît plus : il y a ébranlement temporaire d'identité. Ce devenir-autre de l'élève le déplace, le déterritorialise et lui ouvre une nouvelle série de lignes de fuite qu'il empruntera par curiosité ou par effet d'entraînement, pour y vivre de nouvelles expériences. Cette nouvelle série active une énergie qui met en circulation ses désirs, ceux d'apprendre, de faire, de voir et de collaborer. L'élève en action trace des chemins vers l'autre pour ainsi briser son isolement. Tel le marcheur-pédagogue, il est en mouvement, et chaque pas qu'il initie le transforme. Des connexions arborescentes, réseautiques et rhizomatiques se créent ou se rompent dans sa tête et dans son corps pour continuellement être présent et actif dans son environnement changeant.

Loin des repères habituels du contexte de l'enseignement des arts plastiques où, avec les années, l'élève est devenu un fin renard pour détecter chez l'enseignant les stratégies pédagogiques mises de l'avant pour le motiver à travailler, il se retrouve devant un tout autre registre de rapports entre lui et son habituel rôle d'élève. Il n'est plus en position assise où il attend que l'enseignant lui transmettre des savoirs ; il est plutôt debout, actif et en mouvement, toujours prêt à être traversé par des lignes de fuite. Cette disponibilité à recevoir et à se connecter s'appuie sur ce principe :

> si l'enfant n'est pas en confiance avec lui-même, il ne peut pas apprendre parce qu'il est fermé. Et quand on est fermé au monde extérieur, on est totalement fermé aux apprentissages (Heber-Suffrin, 1988, p. 37).

Il faut ouvrir une ou des brèches, pour créer une fluidité, une circulation et ainsi faire émerger des échanges de savoirs qui permettront l'agencement de connaissances.

La meilleure manière d'ouvrir des brèches chez l'élève, c'est de commencer par donner. Donner semble être un acte essentiel, en amont de la classe-réseau, où la réciprocité dans les échanges des différents savoirs est essentielle pour créer un réseau et un rhizome vivants. Le don a comme effet d'ouvrir les « écluses » et d'activer la circulation des savoirs. L'enseignant doit faire appel aux connaissances des élèves, en mettant en scène des situations qui leur permettent de les présenter à leurs camarades. Ce dévoilement a aussi comme effet de favoriser l'estime de soi, tout en faisant appel à la pleine capacité des élèves. Cette nécessité d'intégrer dans le curriculum les connaissances des élèves est similaire à l'approche proposée par Heber-Suffrin et celle de Pierre Lévy.

Comme la notion d'intelligence collective de Lévy, l'approche rhizomatique se fonde aussi sur les principes de réciprocité, d'échange, d'écoute, de respect, de reconnaissance, d'apprentissage mutuel, de négociation entre sujets autonomes et de valorisation de toutes les qualités humaines. Cette pédagogie artistique favorise à la fois les apprentissages personnalisés et l'apprentissage coopératif en réseau, en permettant de trouver des solutions adaptées à chacun, dans un contexte particulier.

La mise en forme de cette proposition s'est constituée lors d'incessants aller-retour entre ma pratique et la théorie. Il est temps d'observer de quelle nature est le tissage entre les prémisses théoriques, cette amorce d'une pédagogie rhizomatique et ma pratique. J'aborde, au chapitre suivant, la dernière étape de cette recherche, c'est-à-dire, la présentation de projets en éducation artistique.

CHAPITRE IV

ARRIMAGE DE LA THÉORIE À LA PRATIQUE

Dans ce chapitre, je présente trois projets en éducation artistique que j'ai mis en œuvre à l'école secondaire Calixa-Lavallée entre 1994 et 1998, en m'inspirant intuitivement de la pensée de Deleuze et Guattari. Les projets *Arboretum*, *Métamorphose* et *Le 100 mètres en 100 lignes* sont décrits chronologiquement, étape par étape, afin de faire des liens entre ma pratique quotidienne en enseignement des arts plastiques, la classe-réseau et la pédagogie rhizomatique. Ils sont analysés simultanément, à l'aide des concepts présentés au chapitre précédent.

Ces projets ne sont pas des applications de cette pédagogie, ils ne sont ni parfaitement rhizomatiques, ni réseautiques. Il ne s'agit pas de modèles à répéter mais « d'expériences-phare » destinées à bien faire saisir cette proposition pédagogique pour ensuite permettre à de futurs marcheurs-pédagogues d'élaborer leurs propres projets. Ces agencements ont émergé dans un contexte et à un moment précis, associés à des ressources humaines et matérielles spécifiques. Ils sont impossibles à reproduire car ils sont intrinsèquement reliés à nos propres réseaux et rhizomes, de même qu'à ceux des élèves. Ils doivent être perçus comme des propulseurs ou des inspirateurs de désirs, pour favoriser l'expérimentation de projets qui s'inspirent de cette recherche. Présentés en ordre chronologique, nous commençons par *Arboretum*.

4.1 *Arboretum*

Le premier enjeu d'*Arboretum*[16] était de trouver des agencements qui génèrent chez l'élève un état physique lui permettant d'être plus sensible à son environnement pour ainsi favoriser sa créativité. Ce projet était composé d'événements qui provoquaient l'éveil des sens de l'élève pour réaliser des projets artistiques ; il favorisait une interdépendance entre l'imaginaire et le corps. Le Land Art, la botanique et la danse Buto sont autant de relais qui ont permis la production, au *Jardin Botanique de Montréal,* d'une œuvre collective et, ensuite, de sculptures et d'installations individuelles avec des matériaux trouvés dans la forêt boréale. De l'ordre de l'éphémère, ces travaux ont tous été réalisés avec des éléments naturels trouvés sur place.

L'idée de ce projet a été déclenchée en 1993, lors du visionnement d'une bande vidéo témoin du projet *Playing with hay*, réalisée en Pologne (1981) par Janusz Byszewski au Center of contemporary art - Laboratory of Creative Education. Cette expérimentation avait lieu à la campagne, dans un champ où des enfants, entre six et dix ans, assistaient les fermiers à " faire les foins ". Ils coupaient, étalaient et retournaient le foin pendant quelques heures pour terminer la journée en construisant une immense botte de foin qui devenait le matériel et le lieu pour construire des sculptures et des petits objets.

La découverte de ce projet me fascina et déclencha chez-moi le désir de réaliser quelque chose de similaire au Québec. Notre réalité montréalaise étant très différente (il s'agit d'un grand centre urbain situé dans un pays où l'on ne fait plus la fenaison manuellement), je cherchais une façon de transposer ce projet polonais en fonction de notre contexte. Ici, il y a l'automne et la chute des feuilles, matière organique d'une beauté inouïe, jonchant le sol en attendant que nous les ratissions. L'image du foin que j'avais en tête s'est immédiatement métamorphosée en montagne de feuilles. En collaboration avec Marie Bellerive, une enseignante en arts plastiques, j'ai, petit à petit, agencé le Land Art, la botanique, la danse Buto, et ceci, dans deux lieux : l'école Calixa-Lavallé et le Jardin Botanique. J'ai travaillé avec deux groupes d'élèves de premier secondaire. Ce nouvel agencement, intitulé Arboretum, de l'ordre du rhizome, a permis la connexion de lieux, de disciplines et de pratiques ayant habituellement peu de liens. Ce projet proposait une expérience qui active le corps et réveille les sens de l'élève afin de rendre ce dernier plus disponible à son environnement.

Comme agenceur qui désire traverser avec fluidité et énergie ce parcours rhizomatique, j'ai placé une série de relais pour atteindre certains objectifs :

- sensibiliser les élèves au Land Art ;
- sensibiliser les élèves à la danse Buto ;
- découvrir les raisons du changement de couleurs et de la chute des feuilles à l'automne ;
- connaître le mandat du Jardin Botanique de Montréal ;
- découvrir le Jardin Botanique et sa forêt boréale ;
- réaliser un projet artistique collectif et individuel en utilisant comme matériaux des feuilles, des pierres, des branches et de la ficelle ;
- vivre une expérience esthétique ;
- avoir du plaisir ;
- activer le corps et éveiller les sens de l'élève ;
- se connaître et créer des liens ;
- émerveiller et déstabiliser l'élève ;
- activer la circulation de désirs ;
- proposer des connexions hétérogènes ;
- valoriser les arts plastiques et leur apprentissage ;
- découvrir la notion d'éphémère en arts plastiques ;
- développer un autre type de regard sur la nature ;
- faire des liens entre la botanique, les arts plastiques et la danse.

Ces objectifs ne devaient pas tous être atteints : nous étions prêts à en sacrifier quelques-uns afin de vivre une expérience positive, ou, tout simplement, parce que nous étions également prêts à accepter l'interférence et l'imprévu qui nous auraient fait bifurquer de notre chemin.

4.1.1 Description détaillée des relais

Premier relais

Le premier relais à cet agencement a été le moment où l'on présenta le projet Arboretum aux élèves. Nous leur avons d'abord expliqué le déroulement et certains objectifs afin que tous puissent, par la suite, alimenter cette expérience avec leur savoir et leurs expériences. Cette étape est essentielle pour que les élèves saisissent que ce projet est de l'ordre du collectif, où chacun est interpellé à participer. En divulgant le plan de ce trajet et en le présentant comme une expérimentation dont la réussite n'est pas garantie, l'élève se sent concerné et motivé à créer et proposer ses propres agencements. Cette attitude déhiérarchise le rapport entre l'élève et l'enseignant. En plus, cette implication responsabilise l'élève dans son processus d'apprentissage.

Deuxième relais

L'idée de réaliser un travail collectif et un travail individuel en n'utilisant que des matériaux trouvés dans la forêt faisait peu appel à leur imaginaire et surtout ne les stimulait pas beaucoup. Ils avaient de la difficulté à visualiser des œuvres d'art réalisées à l'aide de matériaux trouvés dans la nature. Pour contrer cette lacune j'ai consacré un cours de soixante-quinze minutes à la présentation du Land Art, à son histoire, ses artistes et ses œuvres. Photographies, diapositives, livres, catalogues et vidéos traitant ou représentant ce courant furent les multiples supports privilégiés pour sensibiliser les élèves. La découverte d'une multiplicité et d'une diversité d'œuvres a eu comme effet d'animer l'intérêt et de créer une dynamique positive en faveur du projet. Tout à coup, ces œuvres et ces artistes devenaient une multiplicité de lignes de fuite que les élèves empruntaient pour stimuler leur imagination. Une nouvelle aire de possibilités venait de s'ouvrir à eux : le potentiel créateur de la nature et du paysage. De plus, ils découvraient la notion d'éphémère dans le domaine des arts. Cette découverte a été, chez plusieurs, à l'origine d'une réflexion sur le travail, les ambitions et la carrière des artistes n'ayant pas d'œuvres à vendre. Ces œuvres surprenantes et étonnantes ont déclenché un questionnement sur la place de l'art et de l'artiste dans notre société.

Troisième relais

À la dimension artistique, un deuxième territoire est venu s'ajouter : celui de la botanique. La collaboration avec le *Jardin botanique de Montréal* consistait en premier lieu à avoir accès à la forêt boréale et à accueillir un de leurs botanistes à l'école. Ce botaniste nous a présenté l'historique et le mandat du Jardin, ce qu'il contient, puis nous a décrit les activités et les services offerts. Par la suite, il nous a expliqué la métamorphose des arbres feuillus à l'automne. Cette rencontre a permis à plusieurs élèves ne connaissant pas ce jardin, bien qu'ils habitent tout près, de découvrir la richesse de ce lieu, la diversité des espèces qu'il abrite et l'interdépendance entre la terre, la lumière et la température pour qu'à l'automne les feuilles changent de couleur et rejoignent le sol.

Quatrième relais

Les élèves ont fabriqué un cercle chromatique en utilisant des feuilles provenant de différentes espèces d'arbres. Ils déchiraient en petits morceaux ces feuilles pour les classer par teintes similaires. Ensuite, ils devaient les coller sur un carton pour former une roue chromatique. Du vert au jaune, du jaune au rouge et du rouge au brun, ils sélectionnaient les teintes pour produire un passage graduel entre les couleurs. Cet exercice a permi aux élèves de prendre conscience de l'infinité de teintes que contiennent les feuilles et de comprendre que, si l'on observe bien la nature, on peut découvrir sa diversité et son potentiel créateur. Les élèves ont aussi pris conscience que les feuilles et tout type de matière organique peuvent devenir des matériaux, au même titre que la peinture.

Cinquième relais

Un danseur de Buto professionnel est venu expliquer son travail aux élèves. Une des caractéristiques des danseurs de

Buto est d'utiliser des images mentales pour alimenter le potentiel expressif de leur corps. Ces images font souvent référence à la nature, comme le vent dans les arbres ou la rivière qui coule. Notre invité nous a expliqué qu'à certains moments, lorsqu'il danse, une rivière traverse son bras droit alors que la marée descend dans le gauche ; un feu brûle dans sa jambe droite, un oiseau s'envole dans la gauche. Le danseur fragmente son corps et chaque partie est en devenir-autre. Ce parallèle fascinant entre la danse et la nature a permis aux élèves de s'apercevoir que des artistes utilisent leur environnement de plusieurs façons, pas seulement comme matériel, mais aussi comme source d'inspiration. De plus, ils ont pris conscience que des artistes peuvent être très créatifs dans leurs agencements et leurs connexions ; pour ces derniers, tout peut se croiser et générer du sens qu'ils investissent dans leurs œuvres ou leurs performances.

Sixième relais

Deux groupes de trente élèves (une demi-journée chacun) se sont déplacés dans la forêt boréale du Jardin botanique pour ratisser des feuilles, dans le but de réaliser un dessin composé de lignes constituées par l'amoncellement de feuilles. Préalablement, en classe, ils avaient décidé ensemble de la nature du dessin ou de la forme géométrique qu'ils ratisseraient. Un groupe choisit de tracer une série de cercles concentriques et l'autre, un emboîtement de plusieurs triangles. Ce travail physique exigeant, qui dura environ 90 minutes, sans pause, leur a permis :

- de dépenser l'énergie et la nervosité qui sont habituellement retenues à l'école (à certains moments, lorsqu'ils sont assis à leur table de travail ou à leur pupitre, nous les percevons comme des chevaux à la barrière de départ d'une course, pleins d'énergie, excités, prêts à se défoncer ; malheureusement, à l'école, on n'ouvre pas souvent la barrière). Cet épuisement ramollit leur corps et leur état d'âme et les rend plus tranquilles et réceptifs à leur environnement. Je crois que les élèves sont plus disponibles à la création dans cet état. Le ratissage favorise un état physique et mental qui stimule la créativité de l'élève.

- d'éveiller leurs sens : l'odeur de la terre et des feuilles, la couleur du ciel, les cris des camarades, jumelés aux chants des oiseaux, la texture de l'écorce, la froideur du vent sur la peau, le son du râteau grattant le sol sont seulement quelques exemples de la multiplicité et de la diversité des stimuli vécus par ces marcheurs-pédagogues. Traversés par ces lignes de fuite et réceptifs à celles-ci, l'éveil des sens active la circulation de désirs dans le corps. C'est bien en mouvement que les connexions et les agencements se constituent ou se rompent ; les savoirs, savoir-faire, savoir-être et les émotions se croisent, se connectent pour que les élèves explorent les limites de leur potentiel créateur .

- de découvrir les matériaux et leurs caractéristiques : en ratissant, les élèves découvrent des branches, des roches, des petits fruits, des noix, des glands, la couleur de la terre ou du gazon, la forêt, la forme des feuilles, etc. En étant actifs, ils recensent tous les matériaux qui seront à leur disposition pour ensuite réaliser une sculpture ou une installation. Cette façon de choisir ses matériaux est très différente de la méthode traditionnelle. Habituellement, l'enseignant présente son choix de matériaux et d'outils devant la classe, pendant que l'élève passif attend d'être informé des étapes et de la procédure à suivre pour répondre à ses attentes. En ratissant, l'élève, surpris par la variété des matériaux disponibles, commence déjà à penser à ce qu'il pourrait en faire. Ses idées émergent au gré des trouvailles. Il accepte d'emblée l'imprévu et le souhaite, même, pour trouver quelque chose qui le stimulera encore plus, dans le but de créer une installation singulière. La diversité des trouvailles et sa non recension par l'enseignant favorisent alors la singularité dans le travail de l'élève .

- de se donner et s'investir pleinement dans une activité physique simple (le ratissage). Cette simplicité est importante lorsqu'on commence un projet ou une année scolaire avec une approche rhizomatique. Elle favorise l'implication des élèves et développe leur estime de soi. Le fait de se donner pleinement à cette activité a pour effet de les valoriser individuellement et collectivement.

- d'être déstabilisés par l'intégration du ratissage, dans un but d'apprentissage scolaire. Cette connexion rhizomatique les a déstabilisés et leur a permis de laisser tomber certaines inhibitions. Ils ne se censuraient plus et se permettaient de montrer leur plaisir et leur intérêt à participer devant leurs camarades. De plus, un imprévu majeur nous a tous déstabilisés : un vent d'une force incroyable, pendant toute la journée, brouillait nos communications et nos idées, tout en nous fouettant pour réveiller nos énergies. Cet imprévu a complètement changé la dynamique de la journée ; comme enseignants, nous étions nous-mêmes complètement déstabilisés.

À la fin, lorsque la forêt et le sous-bois sont devenus une œuvre de Land Art, les élèves n'en croyaient pas leurs yeux. Comme ils n'avaient pu anticiper le produit final, la surprise fut encore plus grande ; ils étaient impressionnés et ébahis par la beauté de leur travail. Ils ont pris conscience que ce travail n'aurait pu voir le jour sans la collaboration et l'investissement de chacun. Ils étaient alors tous redevables et disponibles, l'un envers l'autre, condition essentielle pour la mise en œuvre d'un réseau et l'émergence de rhizomes.

Septième relais

Toujours dans la forêt, heureux, satisfaits et encore pleins d'énergie, les élèves entreprirent la réalisation d'un travail individuel, ou en petits groupes, en utilisant les matériaux trouvés ou identifiés lors du ratissage. Sans thème préétabli, ils partirent chacun dans un espace de la forêt qu'ils choisirent eux-mêmes, pour commencer à investir ce lieu d'un travail artistique. Cet immense territoire, « réseauté » d'élèves qui creusaient la terre, enfilaient des feuilles, rassemblaient des bouts de bois, des pierres et des petits fruits, était devenu un grand atelier.

Tous très paisibles et autonomes, ils trouvèrent des manières très personnelles d'assembler leurs matériaux, de les superposer, juxtaposer, attacher, empiler, creuser, piquer, etc. Le paysage était devenu un lieu à investir artistiquement et les matériaux cumulaient de nouvelles strates de signification. Le regard de ces élèves qui habituellement identifiaient objectivement leur environnement, avait acquis de nouvelles strates : esthétique, poétique et symbolique. Les rhizomes commençaient alors à émerger dans la tête des jeunes. Ils acceptaient les connexions hétérogènes de tous ordres, ils fabriquaient intuitivement des agencements entre la matière, la pensée, les émotions, leur corps, les camarades, les arts et la nature.

Pour terminer ce relais, j'ai écouté chacun des élèves parler de son travail, dans cette forêt devenue musée ou galerie d'art ; nous marchions d'un espace à l'autre pour découvrir les œuvres et leurs concepteurs. Nous étions d'abord arrivés dans une forêt, qui s'est, par la suite, déterritorialisée pour devenir une œuvre d'art, un atelier, un réseau, une galerie d'art, une scène, pour finalement redevenir forêt.

Huitième relais

À la fin de la journée, deux danseurs de Buto apparurent dans la forêt. Une femme en robe de soirée blanche et un homme (le danseur qu'ils avaient rencontré en classe) en veston noir et chemise blanche ; dentelle, redingote et beautés furent au rendez-vous. Ils utilisèrent comme espace de danse le sous-bois dessiné par des lignes de feuilles et parsemé de sculptures et d'installations réalisées par les élèves. Ils ont rampé, couru, tourné, lentement ou rapidement, à travers les feuilles, en modifiant le dessin ratissé et certaines sculptures. Cette performance imprévue déstabilisa les élèves : D'où viennent-ils ? Qui sont-ils ? Que font-ils ? Après cette journée où tout était possible, il ne restait qu'à s'abandonner à cette performance au lieu d'y être rébarbatif. Leurs préjugés sur cette forme de danse contemporaine et la peur d'être jugés par leurs camarades s'estompaient pour être remplacés par une attention et un intérêt particuliers à cette performance.

De retour en classe, quelques jours plus tard, nous leur avons demandé s'ils avaient, eux aussi, dansé durant cette journée. Question embarrassante : Est-ce que ce travail de ratissage, de même que la réalisation de sculptures et d'installations, impliquaient que leur corps soit dans un état de danse ? Ce type de question, de l'ordre de la connexion hétérogène, les a déstabilisés. Il se sont d'abord questionné sur le sérieux de la question, puis sur notre état mental, et ont fini par percevoir que l'art est un monde qui nous propose de regarder notre réalité autrement.

Ce projet mit en réseau une série de savoirs, de ressources et d'individus au service de l'enseignement des arts plastiques, pour que celui-ci s'allie avec la communauté artistique et la communauté environnante. Le rapprochement entre la botanique, le Land Art et la danse Buto a permis de proposer des connexions hétérogènes qui ont stimulé intellectuellement et physiquement les élèves. Il a été possible d'amener ces derniers à s'investir dans la création artistique, à creuser dans la terre avec des bâtons de bois et à chercher une forme et une signification. De retour en classe la dynamique du groupe avait complètement changé ; les élèves étaient plus ouverts au partage et à la collaboration avec leurs camarades. Les agencements proposé par le projet *Arboretum* nous ont permis de vivre des moments d'une intensité peu commune, rares dans notre réalité scolaire.

4.2 *Métamorphose*

> La création artistique suppose de la part de l'élève un dépassement de la technique, un risque, un engagement et une intelligence de sa production (Chavanne, 1989, p.9).

Le projet *Métamorphose* est un rhizome de projets artistiques qui s'est déployé tout au long de l'année scolaire et où chaque nœud représentait une réalisation d'élève. Cette approche rhizomatique basée sur la métamorphose et l'évolution d'images leur proposait d'utiliser chacune de leurs réalisations comme point de départ pour la suivante. De novembre à juin, les élèves ont métamorphosé leurs travaux : superposition, morcellement, pluralité des techniques et des procédés étaient les moyens privilégiés pour que chacune de leurs réalisations comporte des traces de celles réalisées précédemment. Au départ, les élèves avaient comme seul bagage leur sac à dos personnel, qui a été métamorphosé en deux dimensions, c'est-à-dire en un dessin d'observation au fusain. À partir de fragments de ce dessin, ils ont peint un paysage à la gouache de ce paysage, ils ont construit une architecture en origami ; de cet origami, ils ont abordé l'autoportrait en utilisant la technique de l'impression ; du portrait et de l'origami, ils ont composé un billet de banque. Pour terminer ce périple, ils ont rassemblé tous leurs travaux et les retailles pour fabriquer un paquet qui a été largué dans la rivière des Prairies, avec un petit message pour l'éventuelle personne qui le trouverait, comme une bouteille qu'ils auraient lancée à la mer.

À l'automne 1995, j'ai proposé le projet *Métamorphose* à Marie Bellerive, spécialiste en arts plastiques à l'école secondaire Calixa-Lavallée[17] de Montréal. Les statistiques effectuées dans cette école démontraient que les élèves perdaient beaucoup de motivation au cours de leur deuxième année d'études au secondaire, ce qui entraînait parfois le décrochage scolaire. J'ai donc choisi de travailler avec deux groupes pluriethniques de 2e secondaire, d'environ trente élèves chacun, de milieux socioéconomiques moyen et défavorisé. La fréquence des rencontres avec les élèves était de quatre périodes de soixante-quinze minutes tous les neuf jours.

Métamorphose, ce rhizome d'images et d'expériences, était chapeauté par le thème du voyage. Comme marcheur-pédagogue, je voulais être en mouvement, partir en voyage tout en restant à l'école. Mon objectif était de laisser entrer des lignes de fuite dans notre classe isolée, pour découvrir la richesse du monde et activer la circulation de désirs. La thématique du voyage fut choisie afin d'augmenter le nombre et la diversité des avenues propres à éveiller l'imaginaire d'élèves de différentes ethnies. Le cours d'arts plastiques devenait, pendant toute l'année scolaire, un périple où chaque métamorphose construisait l'imagerie de ce voyage.

À l'image de l'explorateur, les élèves ont tenu un journal de bord photographique et littéraire de leur parcours. Comme chaque réalisation était récupérée pour fabriquer la prochaine, il devenait important de les garder en mémoire. Chaque élève possédait un journal de bord qui réunissait des photographies de ses travaux avant la métamorphose, ainsi que des commentaires, des textes, des traces, des retailles de ses réalisations et une série d'interventions personnelles. Ce journal était le témoin du processus de transformation des travaux.

Un des objectifs de cette aventure était de valoriser le processus d'apprentissage en développant une approche qui introduit la notion de risque comme élément central. Il s'agissait de stimuler l'élève à participer et à s'impliquer davantage dans ses projets en arts plastiques.

> Risquer restitue au monde extérieur son inédit, ses hasards, ses contradictions et ses dangers ; c'est s'exercer à la lucidité et au courage. À se familiariser avec le risque le caractère se trempe ; enfin, la mesure de la vie n'est prise que dans un risque entier, ainsi l'attention et l'audace définissent-elles les plus beaux génies (Radar, 1978, p.119).

Le risque fait partie intégrante de cette approche pédagogique. Chaque fois que les élèves sortaient les ciseaux pour découper dans leurs travaux, rien ne garantissait que les résultats de la prochaine métamorphose seraient aussi intéressants que les précédents. Cette position nous empêchait d'émettre des certitudes ; nous devions avoir confiance et croire que le jeu en valait la chandelle. Le risque, agent déstabilisant, était un propulseur de désirs chez les élèves. De plus, nous voulions développer et vivre une expérience comme enseignants, en faisant appel au risque pour donner une certaine liberté à notre parcours : à la fin de chaque métamorphose, toutes les directions étaient possibles.

Nous ne pouvions pas décider à l'avance de la prochaine étape : nous devions attendre que le travail des élèves soit complètement terminé pour déterminer l'étape suivante. Les qualités plastiques des réalisations poussaient notre imaginaire à composer une suite ; il était alors impossible de planifier le contenu des cours à l'avance.

Avant d'entreprendre la description détaillée de toutes les étapes de ce parcours rhizomatique, voici la liste des objectifs spécifiques à ce projet. Ceux-ci viennent compléter ou appuyer les objectifs, plus généraux, de la pédagogie rhizomatique. Voici donc les objectifs à atteindre pour les élèves :

- augmenter leur intérêt pour les arts plastiques ;
- saisir la richesse de l'image, sa malléabilité et ses capacités d'éveiller l'imaginaire ;
- acquérir des connaissances en histoire de l'art ;
- découvrir les notions de processus et de démarche artistique ;
- acquérir une bonne connaissance des principes de métamorphose, de transformation et de récupération ;
- s'impliquer dans les contenus de cours en proposant des idées et en exprimant des commentaires ;
- développer l'autocritique ;
- apprendre à se détacher de leurs travaux et avoir confiance au processus ;
- développer un regard vif, alerte et singulier ;
- stimuler et éveiller leur imaginaire ;
- développer chez l'élève le goût du risque.

Les objectifs à atteindre pour l'enseignant sont de :

- développer des liens réseautiques et rhizomatiques ;
- déhiérarchiser le rapport entre élève et enseignant ;
- développer une pédagogie personnalisée ;
- renouveler et dynamiser son enseignement en accordant une liberté à son parcours ;
- développer une évaluation qui respecte les objectifs de ce projet ;

- reconnaître l'écart entre la démarche et le résultat, c'est-à-dire la distance entre l'intention et la production.

Il n'était pas impératif d'atteindre tous les objectifs pour garantir la réussite de ce projet. En fait, ces objectifs servaient de pistes pour son élaboration. Cependant, il était important d'être ouvert aux imprévus qui pouvaient changer notre parcours et à l'implication grandissante des élèves.

4.2.1 Description détaillée des métamorphoses

À la première rencontre, nous avons commencé par un travail simple, individuel, qui faisait appel à une seule technique : le fusain. Suite à quelques exercices pour découvrir les spécificités de la technique, les élèves ont déposé leur sac à dos sur leur table de travail et ont entrepris un dessin (sur du papier manille de 18X24 pouces) d'observation de celui-ci. Nous partions en voyage ; nous avions comme seul bagage notre sac à dos et son contenu.

Cet objet, qui peut sembler banal, ne l'est pas pour les élèves. Étant très visible à l'école, celui-ci revêt une importance significative : son choix et sa personnalisation par l'ajout de macarons, d'écussons ou de dessins deviennent des signes qui divulguent la singularité de chaque élève. Cette transposition en deux dimensions de leur sac est une métamorphose simple à saisir ; ce dessin qui se veut réaliste est à maints égards différent du réel. Ce dessin d'observation nous a permis d'aborder les œuvres d'artistes hyperréalistes pour discuter du réalisme en arts plastiques.

Après deux ou trois semaines de travail sur le dessin, j'ai présenté le projet *Métamorphose* aux élèves en décrivant ses enjeux et son fonctionnement. Comme pour le projet *Arboretum,* il était important que les élèves soient informés du trajet planifié pour qu'ils puissent devenir des alliés et alimenter cette expérimentation. Ce projet à été présenté comme inédit et expérimental, dans un contexte de recherche en pédagogie artistique.

Afin de bien comprendre le principe de la métamorphose, trois activités étaient prévues pour cette deuxième rencontre. La première activité consistait à visionner un court film d'animation *Zea* (Leduc, 1981) dans lequel on pouvait observer, en très gros plan, un grain de maïs se transformer dans l'huile chaude. Ces images abstraites ont fasciné les élèves jusqu'à la fin, jusqu'au moment où le grain éclate et devient du maïs soufflé. Ce film, un bel exemple de métamorphose par la chaleur, devenait aussi une piste pour réfléchir à la notion du regard comme outil de reconnaissance qui fluctue selon le point de vue. Pour la deuxième activité, j'ai proposé une série d'illusions visuelles (voir figure 4.1), où un même dessin peut représenter deux choses différentes. Selon le point de vue, le regard métamorphose le dessin et perçoit une réalité qui en devient une autre le moment suivant. Comme troisième activité, à la fin de cette rencontre, j'ai distribué une diversité de semences, de différentes formes, grandeurs et couleurs, que j'ai mises en pot pour les faire germer : métamorphose ultime de la nature, celle qui donne vie à un élément inerte.

Esquimau ? Tête d'Indien ? **Phoque ou âne ?**

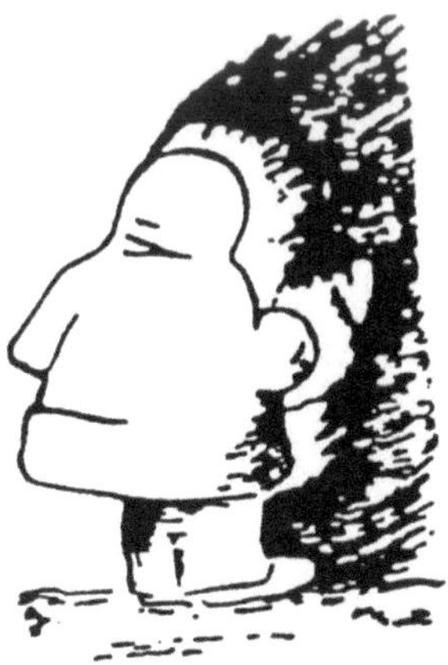

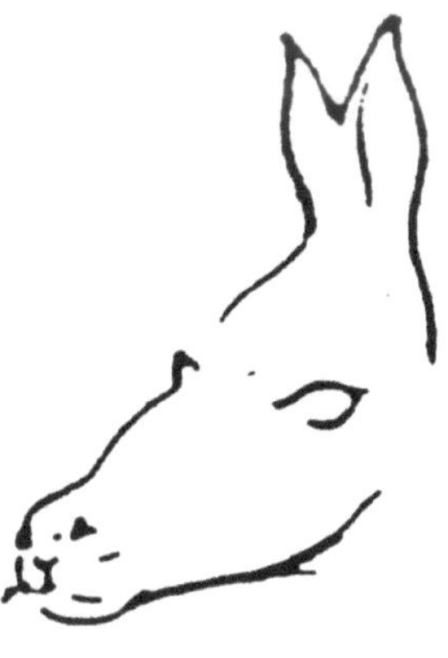

Figure 4.1 Exemples d'illusions visuelles

Ces trois activités permettaient de prendre conscience qu'un même objet peut receler plusieurs strates de signification. Un dessin, qui semble abstrait à prime abord, peut dégager plusieurs sens. Ce processus amène les élèves à comprendre que notre environnement est constitué d'un potentiel d'interprétation qui stimule notre imaginaire. Il faut être créatif dans notre perception du monde en proposant des liens inhabituels pour découvrir les multiples strates de sens qui composent la richesse de nos vies.

Nous partions en voyage ; nous avions besoin d'un journal de bord pour y inscrire et accumuler des traces et des souvenirs de ce périple. Nous avons remis à chaque élève un journal dont la page couverture était recouverte d'une carte géographique ou routière de différents pays. Avec des crayons feutre, ils devaient tracer un trajet sur leur carte, en suivant les routes, les ruisseaux, en traversant les villages, les villes et les forêts. Nous n'avons émis qu'un seul commentaire : plus long sera le trajet, plus longtemps vous serez en voyage et pourrez rencontrer les habitants de ce pays et apprendre leur langue. Comprenant très vite l'idée de ce parcours imaginaire et fascinés par les cartes, les élèves ont entrepris ce voyage, sac à dos en main, avec beaucoup d'enthousiasme. Le tracé de ce trajet devenait une ligne abstraite qu'ils devaient investir d'une nouvelle strate de sens, en cherchant à y reconnaître un objet, un personnage, un animal, etc. Tournant cette ligne dans tous les sens pour y découvrir une signification, ils développaient un regard qui projette et construit du sens. Toujours au crayon feutre, ils ont complété leur perception de cette ligne, en y ajoutant des détails et de la texture. Pour terminer, ils ont coloré leur dessin au lavis, procédé qui laisse transparaître les spécificités de la carte.

Ce tracé est une juxtaposition de points sur une carte qui représentent pour l'élève une série de rencontres et de découvertes imaginaires. Ce voyage propose des connexions rhizomatiques : devenu marcheur-pédagogue sur un nouveau territoire, bien qu'il demeure dans l'atelier, chaque pas que déploie l'élève lui ouvre une multiplicité de lignes de fuite. L'élève, déterritorialisé par son devenir-marcheur, est tout à coup traversé par une multiplicité et une diversité de lignes de fuite. Ce trajet signifiant pour l'élève devient une ligne abstraite à investir d'une autre strate de signification. Cette ligne sur la carte pouvait se transformer, par exemple, en un chat, dont l'oeil était superposé à un village où l'élève s'était arrêté pour dîner. L'oeil du chat associé à un village et à une expérience imaginée dans celui-ci procède d'une série de connexions rhizomatiques. Cette superposition de sens a permis à l'élève de faire appel à son imagination pour voir autrement.

Première métamorphose

En utilisant des fragments du dessin au fusain de leur sac à dos, les élèves devaient réaliser un paysage à la gouache. Ils ont découpé dans du carton blanc des petites fenêtres[18] de formes géométriques diverses qu'ils déplaçaient sur leur dessin pour chercher des compositions graphiques qui leur rappelaient des éléments de paysage champêtre ou urbain. Arbre, fleur, maison, lampadaire, camion, animal, etc. étaient quelques éléments possibles à imaginer dans les lignes du sac à dos. Le sac à dos se métamorphosait en paysage : une ganse devenait une borne fontaine ; un lacet, se transformait en bretelle d'autoroute. Les élèves n'ayant pas travaillé la texture, la lumière ou les dégradés dans leur dessin se retrouvaient devant moins de possibilités pour imaginer des éléments de paysage : c'était le début de l'auto-évaluation. Lorsqu'ils avaient trouvé quelques éléments d'un paysage, ils devaient les découper et venir les placer sur un carton blanc (format: 18X24 pouces). À partir de ces fragments de leur dessin, ils devaient composer un paysage à la gouache, à la grandeur du carton. La singularité des fragments de chaque élève a généré une production à la fois variée et personnalisée.

Cette première métamorphose a été difficile à accepter par les élèves : après avoir travaillé longuement sur leur dessin, ils ne voulaient pas le découper. Habituellement, les élèves démontrent peu d'intérêt pour le sort de leurs travaux ; à l'opposé, cette métamorphose les confrontaient à dévoiler leur attachement à leur dessin. Cette récupération d'une réalisation antérieure pour en réaliser une autre était perçue par les élèves comme une destruction de leur travail. Cette situation les a déstabilisés momentanément : ils ont pu laisser tomber des comportements adoptés dans le dessein d'être inclus dans le groupe. La peur du jugement des camarades s'est estompée pour être remplacée par une prise de parole plus personnelle. Un dialogue entre les élèves sur la notion du détachement à assumer et du risque à prendre, dans cette expérience de métamorphose, a eu lieu : il s'agissait d'un premier forum informel. Les élèves se sont sentis moins isolés les uns des autres qu'en début d'année.

Après cette métamorphose, nous avons expliqué aux élèves le rôle du journal de bord, le contenu et le type d'interventions que nous souhaitions y retrouver. Mis en place pour garder ce voyage en mémoire, il réunissait textes, dessins, collages, exercices de base, photographies personnelles (de la famille ou d'amis) et de leurs réalisations. En effet, comme nous voulions garder un souvenir des productions des élèves avant qu'elles ne soient métamorphosées, nous les avons toutes photographiées. Ce journal leur appartenait et tous les types d'intervention étaient possibles. Ce que nous n'acceptions pas habituellement dans les travaux (clichés, bande dessinée stéréotypée, publicité ou bricolage insipide, comme par exemple, un cœur en boules de papier de soie chiffonné), se juxtaposait ici aux photographies des travaux, aux textes composés en classe et aux commentaires personnels. Même s'ils pouvaient entreprendre ce qu'ils voulaient, nous insistions pour qu'ils récupèrent les retailles de leurs travaux et des exercices de base, bref tout ce qui avait un lien avec le projet. Nous les encouragions aussi à écrire des textes, des commentaires, de la poésie. Pour qu'ils puissent transcrire ces textes dans leur journal d'une manière originale et personnelle (voir figure 4.2), nous leur avons présenté une série de diapositives de lettres de l'alphabet réalisées par des artistes et des graphistes. Ces lettres, à la frontière entre l'écriture et le dessin, devenaient des points de repère pour transcrire autrement les éléments dans leur journal.

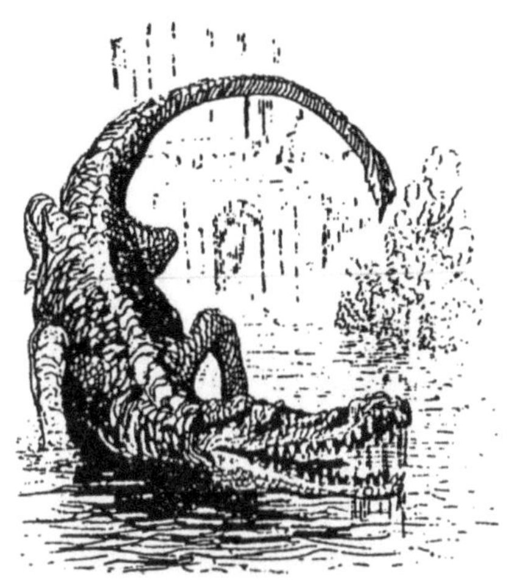 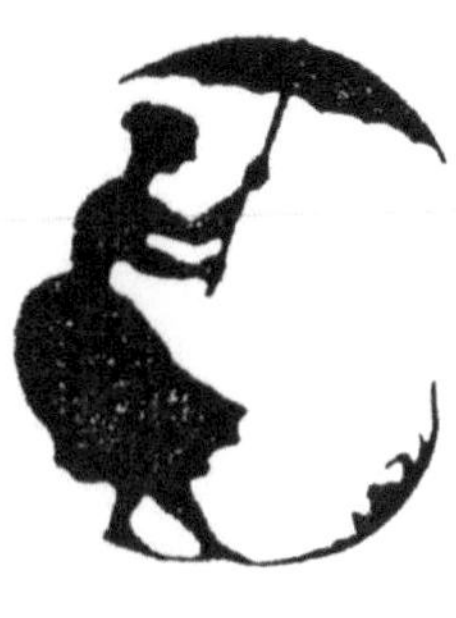

Figure 4.2   Lettres ou dessins ?

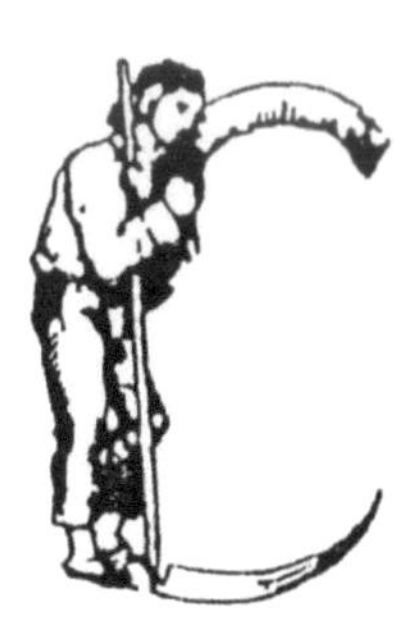 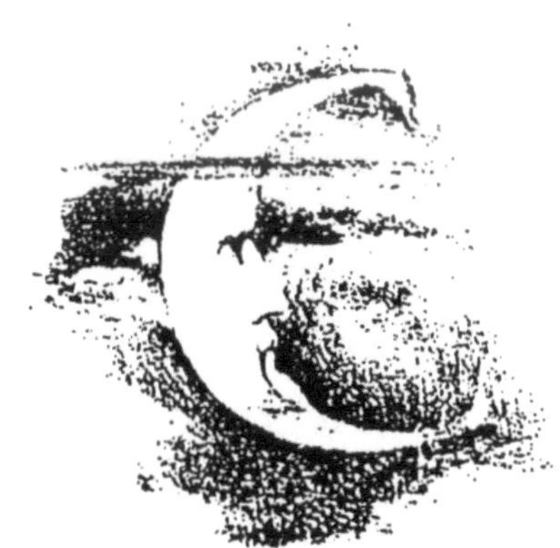

Figure 4.2.1   Lettres ou dessins ?
Ce journal facilitait grandement la gestion de classe : les
élèves qui terminaient les premiers devaient travailler dans

leur journal de bord. Aucun élève n'attendait après les autres pour commencer un nouveau projet. La présence de ce journal permettait d'offrir plus de temps aux élèves plus lents ou perfectionnistes pour compléter ou améliorer leur travail. Comme tout était permis dans le journal, nous avions peu de supervision à faire et étions disponibles pour ceux qui n'avaient pas terminé. Pour le journal, l'utilisation de tous les matériaux de l'atelier étaient permis. Les élèves devaient être autonomes, choisir une technique, rassembler le matériel nécessaire et, surtout, ranger le tout à la fin de la période. Les journaux de bord révélaient la personnalité des élèves, leur contexte familial, leurs amis, leur intérêt pour les arts, leurs habiletés et beaucoup plus encore. Ils nous permettaient de découvrir ces jeunes en laissant entrer dans le cours d'arts plastiques leurs propres lignes de fuite.

Les premières photographies placées dans le journal, celles du sac à dos et du dessin de celui-ci, nous ont permis de présenter l'histoire de la photographie et d'aborder la problématique de la représentation. Est-ce que la photographie reproduit avec exactitude notre environnement ? Et si oui, pourquoi continuer à dessiner ou à peindre ? Est-ce que la photographie peut être sujette à interprétation, comme le dessin au fusain ? Ce deuxième forum de discussion a permis aux élèves de comprendre un peu plus la place de l'interprétation dans les œuvres des artistes.

Leur paysage à la gouache terminé, nous leur avons demandé de s'imaginer, entrant dans cet univers pictural, sac au dos, pour une randonnée pédestre d'une journée. Que retrouve-t-on derrière les montagnes ou les édifices ? Qui peut-on y rencontrer ? Quelle est la température ? Déterritorialisés, les élèves avançaient et, à chaque pas, une nouvelle série de lignes de fuite s'ouvrait à eux. Leurs voyages terminés, ils devaient décrire les péripéties de leur randonnée sur une feuille et ensuite les transcrire dans leur journal de bord d'une manière personnelle. Ce récit accompagnait la photographie du paysage. Si le paysage était peu détaillé, comme dans le cas du premier dessin, il devenait moins stimulant pour l'élève de l'investir d'une randonnée. La réutilisation des travaux tout au long de ce projet plaçait régulièrement l'élève devant une auto-évaluation informelle.

Deuxième métamorphose

La deuxième métamorphose consistait à photocopier les paysages réalisés par les élèves. La transposition en noir et blanc de ces derniers leur a permis de constater que cette simple manipulation les avaient énormément modifiés. L'ambiance, la lumière, la profondeur de champ n'étaient plus les mêmes. Tout en découvrant la beauté du noir et blanc, ils découvraient l'importance de la présence ou de l'absence de la couleur dans la perception des images. Cette petite métamorphose a permis de raffiner encore plus le regard des élèves.

En vue de la prochaine métamorphose, nous pouvions autant récupérer le dessin du sac à dos troué que le paysage à la gouache ou la photocopie de celui-ci. Il était aussi possible de les jumeler pour continuer ce parcours. Nous étions confrontés à l'élaboration d'un autre projet en agençant les qualités plastiques et thématiques des métamorphoses en amont. Cette posture dynamisait notre enseignement : nous devions rapidement créer de toutes pièces une proposition. Nous ne pouvions pas répéter un projet qui avait déjà été réalisé par les années passées. Nous étions en situation de risque car nous proposions toujours des projets inédits. Cette position stimulante nous déstabilisait et nous permettait d'être plus libres dans le choix des projets. Cette perte de contrôle temporaire sur le parcours de notre enseignement activait la circulation de désirs et nous rendait plus disponible à être traversés par de nouvelles lignes de fuite.

Troisième métamorphose

N'ayant pas encore réalisé un travail en trois dimensions et cherchant à continuer le voyage, j'ai entrepris des origamis architecturaux dans les paysages. Cette technique est identique à celle utilisée pour les cartes de souhaits où se déploie, lorsqu'on les ouvre, un relief en carton représentant un personnage ou un paysage à la gouache. En s'inspirant du travail de l'artiste japonais Masahiro Chatani, spécialiste en origami qui reproduit des maisons et des édifices de différentes époques et styles architecturaux, les élèves ont réalisé deux origamis de leur choix dans leur paysage. L'origami est une technique complexe qui nécessite une mise en situation progressive et structurante. Ce projet était perçu par plusieurs élèves comme un gigantesque défi. Elle exigeait beaucoup de délicatesse, de patience et de précision. Sa réussite générale en a surpris plusieurs et leur a donné confiance en eux.

La découverte de différents types d'architecture par le biais de cet artiste s'insérait bien dans ce thème du voyage. Les superpositions des paysages sur des murs, des toits, des colonnes, des maisons et des édifices nous ont tous émerveillés par leur beauté poétique. Nous pouvions retrouver une rivière turquoise traversant la façade d'une maison coloniale, ou un tronc d'arbre enveloppant une colonne romaine. Ces connexions rhizomatiques entre l'architecture et le paysage nous ont permis d'agencer des mots, tels que cheminée-autoroute, toit-cheval et escalier-bateau, pour rêver poétiquement à un autre monde. Ces superpositions, d'ordre surréaliste, proposaient une autre manière de regarder notre environnement et produisaient des connexions hétérogènes nous révélant la complexité et la splendeur du monde. Voulant risquer le tout pour le tout, j'ai décidé de photographier ces origamis à l'extérieur, durant une tempête de neige, pour leur donner un effet de réalisme. Malheureusement, la neige les a complètement détruits. Je suis revenu en classe en annonçant le désastre. Sur le coup, les élèves étaient furieux ; mais en considérant le parcours suivi jusqu'à ce moment, ils ont compris mon désir de risquer.

Quatrième métamorphose

La quatrième métamorphose a été initiée par une stagiaire en enseignement des arts plastiques, Sandra Villeneuve. De passage pour quelques semaines, elle devait continuer notre parcours, en suivant le principe de la métamorphose. Elle pouvait poursuivre, à partir du dessin du sac à dos, de l'origami ou de la photocopie. Elle décida de récupérer la photocopie de leur paysage en y superposant un autoportrait par la technique de l'impression. Les élèves devaient graver un autoportrait sur une plaque en prenant en considération la concordance des pleins et des vides lorsque le portrait serait appliqué sur la photocopie du paysage. Les vides, c'est-à-dire les endroits où il n'y a pas d'encre sur la plaque d'impression, laisseraient le paysage visible. Dans ces autoportraits, on retrouvait des rencontres et des connexions poétiques du même ordre que celles découvertes dans les origamis architecturaux : par exemple, des yeux traversés de branches et de feuilles, des joues remplies de nuages, etc.

Sandra Villeneuve s'est intégrée à ce projet sans abandonner ses intérêts et tout en faisant appel à sa puissance et à sa personnalité. L'approche rhizomatique peut favoriser les rencontres et la collaboration, tout en permettant à chaque intervenant de garder ses spécificités. Les rencontres hétérogènes font émerger le meilleur de nous-mêmes car elles font appel à notre singularité dans toute sa puissance.

      Cinquième métamorphose

Quelque temps après, j'ai préparé un événement assez déstabilisant pour les jeunes. J'ai déposé sur le plancher de l'atelier toutes les plaques d'impression des autoportraits et j'ai caché une caméra vidéo pour enregistrer les réactions. La cloche sonne et les élèves entrent en classe ; nous ne disons rien de particulier sur les plaques. Un peu désemparés, ils évitent de marcher sur leurs travaux, les contournent, se penchent pour les identifier, avertissent leurs camarades de ne pas marcher dessus. D'autres les ramassent pour les protéger ; quelques-uns décident de marcher sur leur surface.

Après avoir discuté du potentiel esthétique de la marque des pas sur les plaques pour les métamorphoser en quelque chose d'autre, nous avons décidé de marcher sur celles-ci, à chaque cours, pendant un mois. À la fin de cette rencontre, nous avons visionné le vidéo témoin de leur entrée en classe, en le présentant comme une chorégraphie qu'ils avaient exécutée.

Sixième métamorphose

Placés dans l'obligation de trouver une suite, nous avons récapitulé et recensé les projets réalisés. Il y avait un paysage, de l'architecture, un portrait : tous des éléments que l'on retrouve sur un billet de banque. En récupérant tous les travaux produits jusqu'ici, les élèves devaient réaliser un billet de banque. À ce collage de grand format (20X36 pouces), les élèves devaient ajouter la technique de réserve pour créer des motifs, des frises, des chiffres, des emblèmes pour compléter leur billet. Pour stimuler et alimenter l'imaginaire des élèves, j'ai présenté une série de diapositives de billets de banque provenant de plusieurs pays.

Cet objet du quotidien qui nous semblait banal s'est révélé une source inouïe d'informations et de stimuli. La présentation de ces billets faisait appel en effet à la pluriethnicité du groupe. Les élèves reconnaissaient les billets de leur pays d'origine et ceci déclenchait chez eux le désir d'en parler. L'échange fascinant qui s'ensuivit permit aux élèves de se connaître encore plus, de révéler leurs origines en discutant des caractéristiques de leur pays, de leur peuple et de son histoire.

Ce thème généra plusieurs conversations informelles sur la valeur de l'argent dans notre vie et sur sa nécessité pour voyager et découvrir le monde. Le processus qu'ils vivaient depuis quelques mois et la notion de risque permirent aussi l'émergence de leur singularité et, surtout, l'échange de savoirs.

Septième métamorphose

La fin de l'année scolaire approchait. Comment conclure ce projet dont l'intensité augmentait continuellement? Je lisais un roman de Bohumil Hrabal, *Une trop bruyante solitude* (1991), dans lequel le personnage central travaille seul, dans un miteux sous-sol à Prague, dans un centre de récupération du papier et du carton. Le travail du personnage consiste à fabriquer des paquets constitués de matériaux usagés, à l'aide d'une presse. Pour lui, chaque paquet a une importance; il doit comporter un thème et être esthétiquement intéressant. Cette lecture déclencha l'idée de la prochaine métamorphose : récupérer tous les travaux de l'année pour en faire des paquets. J'ai photocopié les vingt premières pages du roman où l'auteur présente son personnage et son travail, pour en donner un exemplaire à chaque élève. Ensuite nous leur avons annoncé que ce texte dévoilait des pistes pour découvrir notre prochaine métamorphose. À la rencontre suivante, nous leur avons demandé s'ils avaient deviné cette métamorphose ; plusieurs l'avaient trouvée. Il était important qu'ils soient au courant de nos sources d'inspiration pour comprendre notre processus comme enseignants en arts plastiques. Toujours dans l'esprit de la performance, j'ai placé trois trancheuses et sorti tous les ciseaux de l'atelier pour que les élèves puissent découper et trancher en petits morceaux leurs travaux réalisés au cours de l'année pour en faire des paquets. Avant qu'ils commencent à couper leurs travaux, ma coéquipière Marie Bellerive a proposé une mise en scène : elle est entrée dans la classe avec un chariot où l'on avait déposé plats décoratifs, carafe, verre de cristal, bol en céramique, bouteilles de vin et d'apéritif. Lentement, elle traversa l'atelier en silence en lançant des brillants et des confettis. Les élèves déstabilisés par cette performance étaient appelés ensuite à détruire leurs travaux pour en faire de beaux paquets en ajoutant à l'intérieur des brillants et des confettis. Moment et métamorphose intenses où la circulation d'énergie avait un débit à haute vitesse. Les paquets terminés, j'ai sorti des centaines de bouchons de liège pour annoncer la dernière métamorphose : nous larguerions nos paquets dans la rivière des Prairies qui se situe à quelques minutes de l'école. Ils devaient maintenant attacher ces bouchons de liège aux paquets pour qu'ils puissent flotter et continuer le voyage que nous avions entamé dès le début de l'année. Le voyage pourrait être long car cette rivière coule dans le fleuve Saint-Laurent qui se déverse dans l'océan Atlantique. Comme on le fait avec une bouteille qu'on lance à la mer, les élèves devaient écrire un mot pour accompagner leur paquet. Ces mots furent plastifiés afin que la personne qui trouverait leur paquet puisse le lire et pour combattre un certain scepticisme des élèves quant à la capacité de flottaison de leur paquet.

Quelques jours avant le largage, nous avons organisé une exposition des journaux de bord et des paquets à la bibliothèque de l'école. Parents, camarades et collègues étaient présents au vernissage de cette exposition. Il était important d'inviter les parents et les camarades des élèves à voir enfin leurs travaux pour saisir un peu mieux le parcours dont ils avaient tant entendu parler pendant toute l'année.

Huitième métamorphose

Lors de notre dernière rencontre de l'année, nous avons marché, tels des marcheurs-pédagogues, jusqu'à la rivière pour y larguer les paquets remplis d'agencements rhizomatiques. Moments d'une intensité et d'une fébrilité inoubliables, surtout lorsque certains paquets furent transportés par le courant vers le large. Comme nous n'avions plus rien à risquer, il était temps de rentrer à l'école. Au retour, nous avons croisé un homme (le comédien Alain Pelletier) suspendu à un arbre par un harnais. Il nous interpellait ; il nous racontait qu'il était un chien, son devenir-chien, tout en tirant sur une corde, ou plutôt une laisse, qui le faisait monter plus haut jusqu'à ce qu'il ne puisse plus toucher le sol. Cette mise en scène fut notre dernier agencement propre à propulser le désir des élèves pour plusieurs années encore.

Ce projet axé sur la récupération des travaux a provoqué chez l'élève une puissante compréhension de notions complexes en art, telles que le processus de création et l'évolution de la démarche artistique. Ils sont repartis avec un grand potentiel comme agenceurs de réalités et de points de vue, tout en présentant la métamorphose, la rupture et l'aléatoire comme éléments essentiels dans un parcours de vie. Ils ont saisi intuitivement comment la fluidité peut être garante de plaisir, de connaissance et de liberté, car un regard mobile, toujours en quête de lignes de fuite, nous stimule et empêche la cristallisation de la pensée, qui est à la source des préjugés les plus tenaces. Fondamentalement, je crois qu'ils ont pris conscience que la vie est elle-même un processus qui évolue par métamorphose.

Ce parcours rhizomatique a permis de mettre en place la classe-réseau, de mettre en commun des valeurs et des connaissances, tout en donnant au cours d'arts plastiques son statut fondamental de lieu d'apprentissage ouvert sur le monde. Un monde d'interaction et d'interdépendance où le temps et les forces élémentaires se conjuguent pour produire les métamorphoses de notre univers.

4.3 *Le 100 mètres en 100 lignes*

Le 100 mètres en 100 lignes[19], projet interdisciplinaire en enseignement au secondaire, réunissait deux pratiques, soit le dessin et la course à pied, et deux disciplines, soit les arts et le sport. Cette combinaison inusitée fut à l'origine d'un événement qui permit aux élèves de découvrir les liens entre leur corps en mouvement et l'image d'un corps en mouvement. De plus, ce projet a permis aux enseignants en arts plastiques et ceux en éducation physique de communiquer et de collaborer pour ainsi briser leur isolement.

Ce projet a été mis en place en réponse à deux problématiques, l'une spécifique à l'enseignement des arts plastiques, et l'autre au contexte scolaire propre à l'école secondaire Calixa-Lavallée. J'ai présenté ce projet en 1997 à deux groupes de 2e secondaire, en collaboration avec l'enseignant en arts plastiques, Vital Cloutier, et l'enseignante en éducation physique, Louisette Lachance.

> Problématique spécifique à l'enseignement
> des arts plastiques

Au fil des ans, mon expérience acquise en enseignement m'a permis d'observer que la majorité des élèves du secondaire dessinent le corps humain d'une manière très statique et rigide. Malgré mes efforts soutenus pour qu'ils intègrent le mouvement, les élèves reviennent constamment à des personnages rigides. Je crois qu'une des première cause de ce réflexe provient du manque de pratique du dessin ; en effet, plusieurs élèves arrivent au secondaire sans jamais avoir suivi de cours d'arts plastiques dispensés par des enseignants spécialisés. Ayant peu de connaissances et de pratique pour représenter l'environnement, leurs dessins se caractérisent généralement par une absence de texture, de volume, de travail sur la lumière et l'ombre, sur l'espace et, surtout, par la présence de personnages statiques. À mon avis, la deuxième cause de cette rigidité du corps humain dans les dessins serait attribuable au rythme effréné du quotidien : nous zappons, cliquons, consommons à une vitesse folle, rythme peu propice à l'observation tranquille de ce qui nous entoure, et à sa transposition en deux dimensions. Malgré ce constat, j'ai continué de me questionner sur les manières possibles d'insuffler la vie dans les représentations du corps humain à l'intérieur des cours d'arts plastiques.

Problématique reliée au contexte scolaire

La deuxième problématique émerge de la vocation sportive de l'école Calixa-Lavallée. Depuis quelques années, le nombre d'inscriptions d'élèves diminuait. Pour contrer cette baisse de clientèle, il fut décidé d'offrir une concentration sportive. Depuis ce temps, le sport est devenu la figure de proue de cette école. Il est très présent au quotidien et les enseignants en éducation physique ont beaucoup d'influence en ce qui concerne l'organisation et le budget global de l'école. Cette situation engendre des inégalités, des injustices et surtout des conflits interpersonnels entre les enseignants. La mise en valeur particulière d'une discipline a eu comme effet d'isoler les individus, en particulier les enseignants en arts plastiques, vis-à-vis de leurs collègues en éducation physique.

Au Québec, le sport et les arts ont toujours été mis en opposition : il est connu que les artistes déplorent l'injection par l'État de sommes énormes dans le milieu sportif, alors que les athlètes pointent du doigt les subventions aux artistes qui réalisent des œuvres dites hermétiques et élitistes. Ces préjugés se retrouvent aussi à l'école, ce qui ne favorise aucunement les échanges. Lors d'un séjour en France, j'ai interviewé Marie-Françoise Chavanne (Inspecteur à l'Académie de Versailles) qui mentionnait combien les relations entre les enseignants de ces deux disciplines sont différentes des nôtres, dans son pays. Ces deux disciplines étant les moins valorisées du curriculum français, les enseignants se réunissent régulièrement pour organiser des colloques et des manifestations. Cette entraide a favorisé la réalisation d'expérimentations pédagogiques entre les deux disciplines que je ne peux recenser dans les limites de cette recherche.

Les difficultés observées chez les élèves, le contexte de l'école Calixa-Lavallée et le type de relations qu'entretiennent les enseignants français ont été les points déclencheurs d'un réseau qui a mis en œuvre un projet interdisciplinaire entre les arts plastiques et l'éducation physique : *Le 100 mètres en 100 lignes*. Ce rapprochement entre la course à pied et les arts plastiques était un bon prétexte pour entreprendre une communication et une collaboration avec les enseignants en éducation physique et ainsi briser notre isolement mutuel.

Ce projet propose aux élèves une expérience physique afin qu'ils prennent conscience du mouvement de leur corps en activité. La course à relais, dans un contexte compétitif, est le moyen ou la forme choisie pour permettre aux élèves de créer des liens entre leur corps en mouvement et l'image d'un corps en mouvement. Leur corps devient une source directe d'informations pour saisir l'importance du mouvement dans la représentation d'un personnage. Ce processus est similaire à celui que l'on retrouve dans le projet *Arboretum*, où il était essentiel de réveiller le corps de l'élève pour qu'il soit disponible à créer.

4.3.1 Description détaillée du parcours

1er départ

Pour débuter l'activité, j'ai distribué une série de questions aux élèves quant aux rapprochements entre le sport et les arts plastiques. L'objectif de ces questions était d'éveiller leur curiosité en proposant une connexion inhabituelle. Je voulais qu'ils puissent entreprendre une réflexion autonome dès le début du projet, sans mon influence ; je désirais également connaître leurs opinions sur cette connexion pour être mieux outillé à élaborer ce projet. Les questions étaient les suivantes:

- Quels sont les liens possibles entre les arts plastiques et le sport ?

- Comment la connaissance et la pratique du dessin peuvent-elles améliorer notre performance athlétique ?

- Comment la pratique d'un sport peut-elle améliorer les œuvres d'un artiste ?

- Quelle pratique artistique serait, selon vous, la plus sportive?

- Quel sport serait le plus artistique ?

Par la suite, j'ai distribué à chacun une feuille[20] et un crayon feutre. Chronomètre en main, sifflet à la bouche et habillé de vêtements sport, je leur ai annoncé qu'ils avaient cinq minutes pour esquisser un personnage en mouvement. *« Êtes-vous prêts ? C'est parti! »* Au son du sifflet, et sans aucune autre information, les élèves commençaient le croquis d'un personnage en mouvement. Au rythme du chronomètre, le premier *100 mètres en 100 lignes* était commencé.

Même si je n'ai donné aucune consigne précise quant au type de personnage ou à la manière de le dessiner (sauf pour la consigne du mouvement), ce premier croquis m'a permis de découvrir les particularités de chaque représentation. Certains des personnages étaient de style bande dessinée, alors que d'autres avaient une facture plus naïve ou très sophistiquée. N'étant pas seuls à la ligne de départ de cette course, ils sentaient la présence des autres tout au long de la réalisation de leur croquis : une énergie circulait entre eux pour activer leur désir de participer et de se dépasser.

J'ai ensuite présenté le documentaire...*26 fois de suite!* de Jean-Claude Labrecque (1978). Pendant vingt et une minutes, sous la pluie, à travers la ville, nous suivons les coureurs du marathon des Jeux Olympiques de 1976. Ils courent à un rythme effréné ; épuisés, ils atteignent la ligne d'arrivée. Pendant tout ce temps, nous observons leurs mouvements : les jambes qui les propulsent et les bras qui se balancent au rythme des pas. Pour terminer cette rencontre, chronomètre en main, sifflet à la bouche, je leur donnais quatre minutes pour esquisser un personnage en mouvement : *C'est parti!*

Comme la nature de ce document ne correspondait pas à la discipline enseignée, ce déplacement d'attention octroya une certaine liberté aux élèves : lors du visionnement, ils ne cherchaient pas à retenir ou saisir l'information qui serait nécessaire à la réussite d'un exercice ou d'un examen spécifique aux arts plastiques. Leur fascination pour ces athlètes professionnels leur permettait d'observer attentivement des corps en mouvement pendant plusieurs minutes. Ce film, une ligne de fuite provenant d'ailleurs, soit du monde du sport, capta l'intérêt des élèves et permit l'atteinte d'objectifs spécifiques aux arts plastiques. La connexion avec l'extérieur doit permettre, à un moment ou à un autre, de nous aider à atteindre des objectifs spécifiques à l'enseignement des arts.

    2e départ

Chronomètre en main, sifflet à la bouche, je leur donnais six minutes pour esquisser un personnage en mouvement : *C'est parti!* Après l'exercice, j'ai présenté le film d'animation *En marchant* de Ryan Larkin (1968). Ce document présente de magnifiques personnages en mouvement, dessinés au crayon et à l'encre de chine sur papier blanc. Aussitôt le film terminé, chronomètre en main, sifflet à la bouche, je leur donnais cette fois dix minutes pour esquisser un personnage en mouvement : *C'est parti!* J'ai poursuivi avec la présentation d'une série de diapositives[21] représentant des corps en mouvement. Une diversité de genres et de techniques caractérisait cette série. J'ai terminé cette rencontre avec un chronomètre en main, sifflet à la bouche et je leur donnais huit minutes pour esquisser un personnage en mouvement : *C'est parti!*

J'ai pu percevoir, autant avec le film d'animation qu'avec les diapositives, que des lignes de fuite traversaient l'atelier et que certains élèves les empruntaient pour les réinvestir dans leur travail. Dessins ou peintures d'artistes, bande dessinée, photographies d'athlètes sont quelques exemples des repères visuels présentés aux élèves pour élaborer leur propre dessin.

3e départ

Nous commencions par notre rituel, mon chronomètre en main et sifflet à la bouche, je leur disait : vous avez cinq minutes pour esquisser un personnage en mouvement et *C'est parti!* Après l'exercice, les élèves étaient placés en cercle autour d'un socle, sur lequel les volontaires prenaient, à tour de rôle, la pose d'un coureur figé pendant sa course. Ils dessinaient pendant toute la période ces modèles vivants. Ils ont réalisé cinq croquis en répondant à des consignes précises. J'ai présenté les notions d'ombre et de lumière, de texture, de proportion, de ligne contour, etc. Pour terminer cette rencontre : mon chronomètre en main et sifflet à la bouche : vous avez deux minutes pour esquisser un personnage en mouvement et *C'est parti!*

Pour la première fois, j'avais des attentes précises vis-à-vis les réalisations des élèves car maintenant j'émettais des directives, des consignes, des exercices. Je transmettais mes connaissances sur certaines techniques de dessin et sur l'utilisation de certains matériaux. Même si cet agencement de cours est très traditionnel, cela ne l'empêche pas de pouvoir se connecter à la pédagogie rhizomatique, puisque cette dernière est une approche d'inclusion. Cette manière d'enseigner me permettait d'alterner et d'agencer dans ma pratique l'approche traditionnelle, la classe-réseau et la pédagogie rhizomatique.

4ᵉ départ

Pour la quatrième rencontre, le cours d'arts plastiques s'est déplacé dans un nouveau lieu, soit le gymnase, afin de jumeler effort physique et créativité pendant deux heures trente minutes. J'ai commencé cette rencontre comme les autres, mon chronomètre en main et sifflet à la bouche : vous avez trois minutes pour esquisser un personnage en mouvement et *C'est parti!* Par la suite, l'enseignant en éducation physique, qui nous accompagnait depuis le début de ce projet, proposa aux élèves une série d'exercices de réchauffement pour les préparer aux multiples courses à effectuer pendant l'après-midi. Sur les murs de chaque extrémité du gymnase étaient accrochés neuf babillards où était épinglé une série de feuilles. En équipes de trois, les élèves ont entamé une suite de courses à relais chronométrées. Les élèves, en tenue de sport, espadrilles aux pieds, devaient courir entre deux babillards et se dessiner chacun leur tour, une fois rendus à une des extrémités du gymnase. Le temps de réalisation et les matériaux utilisés pour dessiner changeaient à chacune des courses ; les croquis étaient réalisés individuellement ou en équipe, selon la course. La consigne ou la pensée la plus importante qu'ils devaient garder en mémoire, durant tout l'après-midi, était qu'à chaque course, ils devaient essayer de prendre conscience des mouvements qu'ils effectuaient, pour ensuite se dessiner dans cet état.

Le but des premières courses dans le gymnase était d'épuiser physiquement les élèves. J'ai constaté à maintes reprises que l'épuisement physique favorise chez les élèves la perte de certains réflexes de représentation et développe un autre type d'écoute et de disponibilité à leur corps. L'élève, plus libre, débarrassé du stress de vouloir bien dessiner, avec tout ce que cela peut comporter de contraintes, se laisse aller et oublie pour un moment ses critères de beauté. Ces derniers sont souvent liés au désir de reproduire une image hyperréaliste, presque photographique. Le dessin, une activité principalement cérébrale, devient plus physique et génère chez l'élève un geste plus libre et spontané ; il peut enfin réaliser des images plus personnelles, comportant moins de stéréotypes ou de clichés. Cette métamorphose du cours d'arts plastiques en compétition sportive était un stratagème pour éviter que les élèves demeurent dans l'attente d'une réponse à une demande de l'enseignant.

À la fin de l'après-midi, les élèves étaient épuisés physiquement. Ils avaient couru beaucoup plus qu'à l'habitude ; d'ailleurs, l'enseignante en éducation physique a été surprise de voir ses élèves courir autant. À la fin de la rencontre, les élèves avaient réalisé huit croquis d'eux-mêmes en mouvement, où chaque trait de crayon provenait d'un geste énergique et intense. Les compositions représentaient des personnages vifs, emportés, empressés, fringants et éclatés. Leurs caractéristiques esthétiques en faisaient de possibles représentations du marcheur-pédagogue, mais cette fois, à la course!

5e départ

La semaine suivante, de retour à l'atelier, chronomètre en main et sifflet à la bouche, je leur donnais trois minutes pour esquisser un personnage en mouvement : *C'est parti!* J'ai ensuite distribué aux élèves leurs croquis réalisés depuis le début du projet, soit vingt-quatre chacun. Ils ont classé leurs travaux par ordre chronologique : un moment magique où le son des 720 feuilles de papier circulant dans la classe de trente élèves nous transportait en imagination, dans un atelier de reliure ou à un concert de musique contemporaine ; nous étions déterritorialisés dans un espace poétique, traversés par une panoplie de nouvelles lignes de fuite.

Les élèves ont réalisé en tout, lors de nos cinq rencontres, vingt-cinq esquisses ou dessins (incluant le dernier réalisé à la toute fin de ce projet) d'un personnage en mouvement : nombre élevé de réalisations pour ce court laps de temps ; événement exceptionnel dans mon enseignement car il est habituellement difficile de faire produire les élèves à un rythme aussi soutenu. Impressionnés eux aussi par la multiplicité et la diversité des dessins qu'ils avaient réalisés, ils devaient ensuite choisir leur préféré et celui qu'ils aimaient le moins puis commenter leurs choix par écrit. Cette demande provenait de mon désir de les connaître un peu mieux, étape essentielle pour la mise en place de la classe-réseau. Je voulais connaître leurs critères d'évaluation de leurs dessins. De plus, ils devaient répondre une deuxième fois aux questions que je leur avais déjà proposées au premier cours. Ces nouvelles réponses permettaient de rendre compte de la direction vers laquelle leurs pensées s'étaient dirigées depuis. Avaient-ils approfondi le sujet d'une manière plus poétique ? Ou bien mettaient-ils plutôt l'emphase sur la compétition sportive ? Pour conclure cette rencontre et terminer le projet, il était tout naturel de sortir le chronomètre et le sifflet, pour esquisser, jusqu'à la fin de la période, un dernier personnage en mouvement : *C'est parti!*

Ce projet interdisciplinaire m'a permis, comme enseignant en arts plastiques, de découvrir la réalité de mes collègues en éducation physique. Enseigner dans un gymnase demande une tout autre organisation que celle nécessaire dans en atelier. J'ai constaté que je ne voudrais aucunement changer de place avec eux ; je préfère le contexte de l'atelier. *Le 100 mètres en 100 lignes* m'a confronté aux différentes réalités scolaires. Depuis ce projet, il s'est développé un respect mutuel de travail entre nous.

Le 100 mètres en 100 lignes a permis aux élèves de prendre conscience de l'importance du mouvement lorsqu'ils représentent un personnage. Plusieurs ont réussi à insuffler de la vie à leur personnage-momie. Ce changement, cette amélioration provient certainement des agencements que j'ai proposés. Les connexions hétérogènes, c'est-à-dire rhizomatiques, sont les déclencheurs de la circulation de désirs qui défont des nœuds et des blocages. De plus, je crois que la déstabilisation qu'ont générées ces connexions et ces agencements est un propulseur d'énergie qui place l'élève dans un état de puissance. Dans cet état, il est prêt et disponible à participer, à s'investir, à risquer pour vivre des expériences qui le mettent en mouvement, comme marcheur-pédagogue, et qui le déterritorialisent vers de nouveaux devenirs.

4.4   Triptyque rhizomatique

Ces trois projets m'ont permis de travailler en collaboration avec des enseignants en arts plastiques et de tisser des liens extraordinaires. J'ai eu la chance de rencontrer Marie Bellerive et Vital Cloutier, deux enseignants ouverts à l'expérimentation et toujours prêts à risquer. Notre complicité s'est lentement établie dans un climat de confiance et de respect, une ambiance qui me permettait de proposer des agencements créatifs qui ne s'appuyaient pas toujours sur des objectifs pédagogiques précis ; plusieurs étaient plutôt de l'ordre de l'intuition. Nous voulions tous vivre et faire vivre aux élèves des expériences qui repoussent les frontières de l'enseignement traditionnel. Mes propositions, souvent déraisonnables dans un contexte scolaire, devenaient toujours possibles : il suffisait seulement de mettre en commun nos savoirs et notre expérience pour élaborer leur déploiement, en prenant en considération les élèves, notre réalité, nos forces et nos faiblesses.

Sans en être conscient à ce moment-là, nous inventions les fondements de la classe-réseau, avec les principes de circulation et d'échange, et ceux de la pédagogie rhizomatique, avec les connexions hétérogènes et multiples qui déstabilisent. Ces fondements inhabituels ont permis d'atteindre la plupart des objectifs d'apprentissage en arts plastiques.

Tous ces projets nécessitaient la mise en place de réseaux et de rhizomes pour résoudre un problème ou entreprendre un projet spécifique aux arts plastiques. La classe-réseau doit, en premier lieu, desservir notre discipline. À mon avis, aucun projet d'ordre social ou interdisciplinaire en enseignement des arts plastiques ne peut placer au deuxième rang les enjeux de la discipline, au risque de diluer cette dernière et de la mettre au service d'une cause ou d'une autre matière. Il est essentiel de relier des individus et des ressources pour créer des agencements correspondant à nos objectifs disciplinaires. Mon rôle d'agenceur fut primordial pour la réussite de ces projets. J'étais constamment aux aguets : notre vie, nos activités, nos réseaux, nos rhizomes personnels et ceux des élèves devenaient des ressources potentielles à connecter, dans un agencement rhizomatique.

Ces agencements devaient tous être rythmés et composés pour garder éveillé l'intérêt des élèves. Pour cela, j'ai connecté le ratissage, l'histoire de l'art, la culture populaire, le voyage, la littérature, un paquet à la rivière, la botanique, l'argent, la course à pied, etc. Ces nœuds, où se croisaient une hétérogénéité de sujets, d'objets et d'individus, surprenaient et étonnaient les élèves pour déclencher la circulation d'énergie et de désirs. Les agencements hétérogènes proposés dans ce triptyque de projets m'ont permis de constater, sans aucun doute, le potentiel de motivation, d'implication et de réflexion des élèves vis-à-vis de leurs cours d'arts plastiques.

Les notions de Deleuze et Guattari qui, à prime abord, semblent difficiles à ramifier à la pratique quotidienne de l'enseignement, viennent se glisser, sans heurts, dans la dynamique de la classe-réseau. Les notions de désir, de devenir, de déterritorialisation, de rupture et, naturellement, celles de l'agencement et du rhizome peuvent être associées à des situations, des actions, des objectifs que nous vivons tous les jours en milieu scolaire. Ces notions, jumelées à celles de la classe-réseau et de l'analogie du marcheur-pédagogue, ouvrent une nouvelle dimension de références et d'outils venant s'ajouter et s'agencer à l'ensemble des savoirs de l'enseignant et de l'élève.

Il est évident qu'il est impossible d'enseigner continuellement en se référant à la classe-réseau et à la pédagogie rhizomatique. Mon expérience comme enseignant à l'école secondaire me garde ancré dans le réel, pour ne pas tomber dans une utopie pédagogique. L'enseignant en arts plastiques est confronté à une organisation scolaire, des ratios, des ressources et des valeurs qui ne facilitent aucunement le désir d'expérimenter les limites de son enseignement. L'approche rhizomatique vient se jumeler aux stratégies et aux méthodes que l'enseignant a acquises et développées depuis son premier jour d'enseignement ; elle émerge sporadiquement à différents niveaux : gestion de classe, évaluation, rapports élève et enseignant, dynamique de groupe, problèmes spécifiques aux arts, etc. Il est difficile de garder notre enseignement vivant, changeant, prêt à s'adapter à l'imprévu dans un contexte scolaire traditionnel, même si cette dynamique demeure un idéal pour nourrir les désirs et les besoins, pour pouvoir continuer à réfléchir à ce que devrait être l'enseignement des arts plastiques. Nous devons risquer un premier pas, qui ouvrira une série de lignes de fuite que nous pourrons emprunter dans l'éveil de notre propre désir, garant d'une pensée dynamique agençant l'hétérogénéité du monde.

CONCLUSION

NOUS NE SOMMES PLUS LES MÊMES

Cette recherche propose des relais pour mettre en place la pédagogie rhizomatique en s'appuyant sur les caractéristiques de notre réalité scolaire. Elle a aussi pris cette forme parce que ma pratique au quotidien, dans le milieu de l'éducation artistique, se distingue par ma mobilité, par mon nomadisme et par la diversité de mes identités (enseignant, artiste, consultant).

Cette identité mobile m'a permis d'identifier un problème généralisé sur le territoire québécois, soit celui de l'isolement. J'ai identifié onze types d'isolements propres à notre milieu scolaire, qui vont de la peur de l'élève d'être ridiculisé par ses camarades et ses enseignants, aux équipements de communication inaccessibles ou désuets, en passant par l'isolement de l'enseignant en arts plastiques et les préjugés scolaires.

Dans l'ensemble des écoles régulières, les enseignants, les élèves, les parents, les disciplines sont reliés par une structure arborescente. Leurs liens sont prédéterminés, hiérarchisés et figés ; ils ne sont aucunement interchangeables et se prêtent peu à l'établissement de connexions. Cette structure arborescente et l'approche traditionnelle ne font qu'un : l'une n'apparaît jamais sans l'autre.

Ces observations en milieu scolaire et le désir de briser mon propre isolement m'ont amené à croiser les concepts théoriques de réseau et de rhizome. L'investigation de ces structures réticulaires nous a permis de mettre à jour un réseau de nœuds, où chacun révèle une dimension singulière de ces concepts. Cette première strate de référence m'a amené aux acteurs principaux de ce mémoire : les pédagogues et les enseignants qui tendent des réseaux ou laissent émerger des rhizomes sur papier ou dans leur pratique quotidienne. Ces nœuds et ces acteurs sont une source intarissable de lignes de fuites qui nous interpellent pour spéculer sur une pédagogie qui tisserait des liens entre ces solitudes et proposerait une solution au problème de l'isolement.

Inspiré de la pensée de René Payant, j'ai adopté une approche méthodologique hybride, de l'ordre du collage. Cet historien d'art énonçait que le choix d'une méthodologie était directement dépendant de l'objet à analyser. Selon Payant, la spécificité de l'objet, son genre, son champ de réflexion constituent les pistes à suivre pour faire le choix le plus propice au déploiement de tous les plis et strates de signification inscrits dans son corpus.

Cette méthodologie se caractérise aussi par mon obsession étymologique. La quête de l'origine est d'abord de l'ordre de la quête d'une vérité universelle et immuable, qui ancre une identité tuberculaire aux concepts de réseau et de rhizome. Bien qu'il puisse sembler peu compatible avec la mobilité, cet acte de convergence me permet, par la suite, d'ouvrir, de diverger en ramifiant, stratifiant, fragmentant, métamorphosant ces vérités. Ce parcours étymologique me disculpe et élimine tout complexe que génère l'approche scientifique en quête d'objectivité, pour se joindre à mes convictions profondes, celles qui mettent de l'avant le travail de l'agenceur. Émergeant avec finesse et beauté, rudesse ou laideur, un agencement faisant appel à l'analogie, la métaphore, la connaissance et aux rapports antinomiques devient plus que jamais le lieu à investir pour observer, déchiffrer et interpréter notre société postmoderne.

Le déploiement de cette recherche est très similaire au parcours proposé au marcheur-pédagogue au Chapitre III. Ce dernier est composé d'une série de relais qui amène l'enseignant à mettre en place la classe-réseau, à partir des particularités de son contexte scolaire.

Au Chapitre I, nous retrouvons une généalogie du réseau, de celui que l'on tisse, de l'Antiquité au XVIIe siècle, jusqu'au réseau virtuel du XXIᵉ siècle. Nous avons parcouru, entre ces pôles, les réseaux que l'on observe, ceux que l'on construit et celui de Saint-Simon. Ce parcours nous a permis d'attribuer une multitude de significations à ce mot, à un point tel qu'il est défini comme un sac à métaphores. Cette prolifération de sens nous a amené à remettre en question la cohérence de ce concept. Malgré cette multiplicité et cette diversité, il est constamment présenté comme une merveilleuse technique de circulation, qui relie le monde entier pour briser l'isolement, tout en servant aussi d'outil de contrôle et d'homogénéisation. Il était inévitable qu'il se retrouve également en éducation.

 Le concept de réseau a servi de référence à quelques pédagogues et enseignants, pour mettre en œuvre une pédagogie ou une pratique qui favorisent des réseaux d'échange non-hiérarchiques, où tous les types de savoirs sont admis. Cette alliance de recherches qui rallient le réseau à l'éducation, a débuté en France par le travail d'Illich, précurseur des réseaux du savoir ; elle s'est poursuivie par la mise en place des réseaux de Claire et Marc Heber-Suffrin. Au même moment, les Français développaient un grand intérêt pour ce concept, comme en témoigne l'organisation d'un colloque, en 1986, traitant de l'éducation et de ses réseaux. Cette alliance se ramifia au travail de Pierre Lévy et, plus particulièrement, à la notion d'intelligence collective. De ce côté de l'Atlantique, les Américains ont investi ce concept autrement. L'appropriation du terme par la technologie a fait en sorte que l'on retrouve plutôt les caractéristiques assocées au réseau, dans des courants ou des pratiques comme le multiculturalisme, le féminisme, l'interdisciplinarité et l'approche collaborative.

La recension des caractéristiques du réseau et son emprunt en éducation a permis de mettre à jour une structure réticulaire qui opère pour quelqu'un ou quelque chose. Il dessert toujours une cause en fonction d'objectifs à atteindre. Cette dynamique du réseau me semblait restrictive. Pour contrer ces limites, je l'ai ramifié au rhizome, au Chapitre II, qui s'enchevêtre entre ses nœuds et ses entre-nœuds pour, à un moment, le traverser et s'y connecter afin qu'il en émerge un agencement hétérogène.

Le rhizome de la botanique a été investi d'une nouvelle couche de sens lorsque Deleuze et Guattari en ont fait un concept philosophique. Ce déplacement nous oblige, pour saisir pleinement leur pensée, à connaître la signification du rhizome comme tige souterraine qui peut être ramifiée ou tubéreuse. Le rhizome, à la différence de la racine, est constitué de connexions hétérogènes : feuille, fleur, etc. peuvent venir s'y connecter. Il joue aussi un rôle d'ancrage et d'absorption, que j'ai associé aux déterminants du réseau, soit la circulation et le contrôle, pour générer deux alliances à parcourir, afin d'en arriver à mieux saisir la notion d'identité mobile.

Deleuze et Guattari ont défini le rhizome en utilisant des concepts spécifiques à leur philosophie. Les notions d'agencement, de désir, de territorialisation, de déterritorialisation, de reterritorialisation, de devenir, de rupture asignifiante, de ligne molaire et de ligne de fuite ont été résumées. Les six principes proposés par Deleuze et Guattari ont été décrits comme des caractéristiques approximatives définissant le rhizome : il s'agit des principes de connexion, d'hétérogénéité, de multiplicité, de rupture asignifiante, de cartographie et de décalcomanie.

La pensée de ces philosophes est devenue une référence importante pour deux pédagogues québécois, Clermont Gauthier et Moniques Richard, qui se sont approprié leurs concepts afin d'en proposer une pédagogie mineure (Gauthier) et une pédagogie nomade (Richard). Ces agenceurs de la pensée deleuzienne ont tracé des parcours singuliers qui déploient des points de vue sur l'éducation. Ces nouveaux agencements m'ont fasciné à un point tel que j'ai tracé un autre trajet sur les mêmes territoires.

J'ai rassemblé une multiplicité et une diversité de références théoriques et pratiques, pour cerner les concepts de réseau et de rhizome. Placé devant ce grand nombre de références, je devais maintenant les agencer pour proposer une pédagogie rhizomatique, présentée au Chapitre III. Je les ai stratifiés, fragmentés, croisés et même clonés pour imaginer, construire et devenir un marcheur-pédagogue.

En amont de cette amorce d'une pédagogie rhizomatique, j'ai adopté comme position de ne pas chercher à mettre en forme un modèle inédit qui pourrait s'appliquer à tous les contextes d'enseignement ; j'étais plutôt en quête d'une proposition dynamique, à l'image de la pensée de Deleuze et Guattari et de projets nomades en éducation artistique.

J'ai d'abord cerné les caractéristiques du territoire de l'enseignement des arts plastiques au Québec. Ce portrait de classe nous a informé des balises à prendre en considération pour que ce parcours ait lieu. En effet, si nous ne sommes pas informés des caractéristiques du lieu où l'on voyage ou travaille, nous pouvons être désagréablement surpris et obligé de rebrousser chemin. Notre action se situe dans un contexte, avec ses limites et ses forces ; nous devons constamment réactualiser les éléments en présence afin de bien les agencer.

Une fois les caractéristiques du territoire à parcourir par le marcheur-pédagogue identifiées, je pouvais m'interroger : D'où venons-nous? Nous venions de traverser les multiples strates de sens du réseau et du rhizome. J'ai retenu les concepts essentiels, pour ensuite les percevoir comme des icones. Telle une matrice, cette série d'icones sont constamment à la disposition de l'enseignant, ou de l'élève, qui les agence dans le but de mettre en place la classe-réseau ou un projet pédagogique rhizomatique.

Les icones ont ensuite été superposés sur les nœuds des structures réticulaires du réseau et du rhizome dans le but de dynamiser leurs rapports. Au lieu de les classer en ordre hiérarchique ou alphabétique, ils ont été mis en lien en les insérant dans les structures réseautiques ou rhizomatiques qui composent le corps du marcheur-pédagogue. Ce dernier est une analogie structurelle de l'enseignant et de l'élève. Tous deux sont des pédagogues qui, dans leur quotidien, agencent des éléments hétérogènes, représentés par les icones, pour s'adapter au contexte et répondre aux demandes. Cette pensée fonctionnant par agencement est aussi le principe de fonctionnement du corps du marcheur-pédagogue. Son corps devient le miroir de cette dynamique d'appréhension du réel car il est constitué par un agencement arborescent, réseautique et rhizomatique, mis en mouvement par la circulation du désir. À chaque pas, la configuration du corps du marcheur-pédagogue se modifie ; des nœuds prennent forme alors que d'autres éclatent. Dans la classe-réseau, un parcours doit être constitué de relais à traverser pour qu'il y ait circulation et échange de savoirs et de ressources. Nous devons être attentif aux propulseurs ou aux interrupteurs de la circulation du désir, ceux de l'élève et ceux de l'enseignant. Un des rôles de l'enseignant serait d'être toujours aux aguets pour reconnaître ces désir et savoir les utiliser.

Étant moi-même un marcheur-pédagogue, je propose au chapitre III deux agencements pour définir la pédagogie rhizomatique : celui de la pédagogie et du réseau, puis celui de la pédagogie et du rhizome. Le réseau est un concept opératoire qui adopte une configuration particulière pour répondre à un objectif. L'enseignant met en place un de ces types de réseau pour résoudre un problème spécifique à l'enseignement des arts plastiques ou pour entreprendre un projet faisant appel à plusieurs individus ou ressources. Le réseau est un outil à utiliser en prenant en considération les caractéristiques des élèves, des groupes et du milieu scolaire. Pouvant être aussi un outil de pouvoir et d'homogénéisation, le réseau peut bloquer la circulation du désir. C'est pour cela que le rhizome doit venir se connecter au réseau, afin de proposer des agencements où tout est possible, où tous les types de savoirs, d'imaginaires et d'émotions peuvent circuler. Le réseau peut être construit, mais le rhizome et ses connexions hétérogènes sont plutôt de l'ordre de l'émergence, de l'apparition et de la proposition.

Une approche de type rhizomatique transforme l'enseignant en agenceur de savoirs, d'expériences et de ressources. De l'ordre du prestidigitateur, l'enseignant métamorphose l'objet éducatif avec ses tours d'adresse pour surprendre les élèves et ainsi faciliter l'apprentissage de nouveaux savoirs. Les mots, la matière, les techniques, l'image, les œuvres d'art et les artistes sont agencés de manière à éveiller l'intérêt de l'élève pour les arts plastiques. L'élève déstabilisé temporairement par des connexions hétérogènes devient un récepteur plus ouvert. Il laisse tomber certains préjugés et comportements qui le limitent dans ses expériences et ses apprentissages. Tel le marcheur-pédagogue avançant dans un labyrinthe, l'élève, « après s'être perdu, a ouvert toutes les portes de soi-même » (Attali, 1996, p. 139).

Au Chapitre IV, la description et l'analyse des projets *Arboretum*, *Métamorphose* et *Le 100 mètres en 100 lignes* permettent de révéler leurs caractères rhizomatiques et de constater à quel point le travail d'agencement est déterminant pour la réussite d'un projet en éducation artistique. J'ai risqué le décloisonnement de mes propres réseaux et rhizomes pour les laisser s'infiltrer dans mon enseignement. Mes intérêts, mes connaissances et mes ressources, tels que la danse contemporaine, la botanique, mes lectures personnelles, mes souvenirs de voyages, mes conflits professionnels, ma pratique artistique, etc., ont alimenté ces trois projets.

Ne désirant pas être seul dans la classe avec les élèves, j'ai fait appel à la collaboration de pairs pour enrichir nos agencements : il s'agissait de vivre intensément le quotidien tout en évitant un épuisement, un laisser-aller et une calcification de nos artères musculaires et cérébrales. Nous aussi, nous désirions être émerveillés, émus et déstabilisés par la mise en forme, la réception et l'appropriation de nos agencements par les élèves et nos collègues. Notre métier d'enseignant est si peu valorisé dans notre société contemporaine, autant par les artistes, les parents que l'État, que nous devions partir en voyage, être en mouvement, devenir autre, c'est-à-dire un marcheur-pédagogue, pour rencontrer des lignes de fuite qui nous ouvrent des « vedute »[22] sur le monde. Cette déterritorialisation offre la possibilité de découvrir la multiplicité et la diversité des singularités des individus et permet de valider les nôtres. Tendre un réseau, c'est simultanément tendre une oreille, un regard, une idée vers l'autre pour y découvrir quelqu'un de singulier et briser l'isolement.

Les élèves ont la possibilité, dans une approche rhizomatique, de faire appel à leur plein potentiel. Les agencements, tout en étant ouverts et permutables, sont des agents stratégiques et énergétiques qui favorisent le déploiement des compétences, l'acquisition de connaissances et la valorisation de savoir-faire et de savoir-être. Une des caractéristiques de cette approche fait référence au travail d'Heber-Suffrin : il s'agit de l'importance de la réciprocité dans les échanges des savoirs. La mise en place de forums est essentielle pour permettre à l'élève de transmettre ses savoirs à ses camarades, pour ensuite être réceptif à ceux des autres. Dans une approche rhizomatique, donner semble être un acte essentiel, en amont dans le processus d'acquisition de la connaissance.

Les cours d'arts plastiques à l'école sont, pour la majorité des élèves, les seuls moments de leur vie où ils seront confrontés à réfléchir sur l'art, à en produire et ainsi découvrir un monde inacessible pour la majorité de la population. Ce court laps de temps doit être intense pour qu'il soit prégnant et marque les élèves par les dimensions multiples de cette discipline. À la fin de l'année scolaire, les élèves devraient avoir développé une autonomie, c'est-à-dire une ouverture et un intérêt aux arts qui leur permettront de continuer à agencer et être disponibles à l'expérience artistique, au lieu de perpétuer des préjugés communs sur la discipline.

Le problème d'isolement est présent à chaque jour dans des milliers d'écoles du Québec. Cette situation diminue le potentiel de chacun et de l'éducation, tandis qu'un enseignement inspiré par l'approche rhizomatique décloisonne la pratique, en fait un objet d'étude qui fait appel à l'autre, à soi-même et à leur rencontre pour briser l'isolement.

Dans cette optique il serait essentiel de recenser les expérimentations et les projets en éducation artistique, ayant des similitudes avec la pédagogie rhizomatique pour ensuite les partager en les mettant en réseau. Plusieurs enseignants, travaillant seuls, agencent intuitivement des propositions d'ordre rhizomatique. Imaginez découvrir ces agencements, en être fasciné, à un point tel qu'ils déclencheraient votre premier pas comme marcheur-pédagogue.

---

[1] Dans le cadre du programme Rencontre culture-éducation (Ministère de la Culture et des Communications du Québec) au volet 1 : Les artiste et les écrivains à l'école

[2] Malgré que le nouveau programme en enseignement des arts plastiques au primaire/secondaire (2001) n'utilise plus l'approche basée sur les concepts de percevoir, faire et voir ; il est certain que la majorité des enseignants continuent à mettre en pratique cette approche qu'ils utilisent depuis longtemps.

[3] Je présenterai plus en détail la notion de déstabilisation au Chap. 3

[4] Traduction du terme anglais networker.

[5] Revue officielle du NAEA : The Journal of the National Art Education Association

[6] Rhizographie : terme didactique. Traité ou description des racines.

[7] L'identité se définit ici comme l'ensemble des éléments permettant d'établir, sans confusion possible, qu'un individu est bien celui qu'il dit être ou qu'on présume qu'il est.

[8] Empirisme et subjectivité (1953), Nietzsche et subjectivité (1962), La philosophie de Kant (1963), Marcel Proust et les signes (1964) Nietzsche(1965), Le Bergnisme(1966), Présentation de Sacher Masoch(1967) Spinoza et le problème de l'expression(1968), Différence et répétition et Logique du sens(1969) Spinoza-Philosophie pratique et Francis Bacon : logique du sensation(1981), Cinéma 1- L'image-mouvement(1983), Cinéma 2 - L'image-temps(1985), Foucault(1986), Périclès et Verdi. La philosophie de François Châtelet(1988), Le pli. Leibniz et le baroque(1988)

[9] Une image authentique doit émaner de l'image intérieure de l'enfant.

[10]Suite au rapport Parent le modèle humaniste a été détrôné par une poursuite de l'Excellence.

[11]La communauté signifie le quartier environnant l'école.

[12]Je laisse une case vide à investir par des lignes de fuite que je n'ai pas identifiées.

[13]Dessins réalisés par Mathieu Rousseau.

[14]Espace vide à investir par vos inspirateurs et vos propulseurs

[15]Espace vide à investir par vos interrupteurs et ralentisseurs de circulation.

[16] Un document vidéo, *Arboretum*, qui témoigne des différentes étapes de ce projet est disponible à la bibliothèque de l'universitè du Quèbec à Montréal.

[17]Cette école accueille environ deux mille élèves et est à vocation sportive.

[18]Le format de ces fenêtres variait entre cinq et dix centimètres avec un cadre d'environ deux centimètres.

[19]Un document vidéo, *Le 100 mètres en lignes*, qui témoigne des différentes étapes de ce projet est disponible à la bibliothèque de l'universitè du Quèbec à Montréal.

[20]Tout au long du projet, les élèves réalisaient leurs croquis sur le même format de papier journal : 18X24 pouces. Ils utilisaient des crayons feutre, du fusain ou de la sanguine.

[21]Ces images sont présentées dans le document vidéo.

[22]Signifie vue, panorama et paysage, mais aussi, opinion, idée et point de vue.

BIBLIOGRAPHIE

Albers, Peggy M. 1999. «Art Education and the Possibility of Social Change» *Art   Education*, vol. 52, no 4, p.6-11.

Amyot, Yves. 1998. «Métamorphose» In *Les arts plastiques à l'école* sous la dir. de Moniques Richard et Suzanne Lemerise, p.200-205 Montréal : Logiques.

Amyot, Yves. 1998. «La classe/réseau en arts plastiques : Amorce d'une pédagogie rhizomatique», In *Les arts plastiques à l'école* sous la dir. de Moniques Richard et Suzanne Lemerise, p.281-289 Montréal : Logiques.

—————— . 1994. *Arboretum.* Prod. Vidéographe. Vidéocassette VHS, 14 min, son, couleur.

—————— . 1997. *Le 100 mètres en 100 lignes.* Prod. Centre Turbine.Vidéocassette VHS, 10 min, son, couleur.

Attali, Jacques. 1996. *Chemins de sagesse : traité du labyrinthe.* Paris : A. Fayard, 235 p.

Authier, Michel, et Pierre Lévy. 1992. *Les arbres de connaissances.* Paris: La Découverte, 173 p.

Baby, Antoine. 1994. «De l'errance créatrice comme itinérance des insoumis ou comment un vieux singe peut encore apprendre à faire les bonnes grimaces», In *L'errance créatrice : l'inusité en recherche qualitative*, Revue de l'Association de la recherche qualitative (ARQ), vol. 11 (automne), p.12-28.

Bachelard, Gaston. 1989. *La Poétique de l'espace.* Paris: Presses universitaires de France, 214 p.

Beardsley, John. 1989. *Earthworks and beyond : contempory art the landscape.* New York: Abbeville Press, 176p.

Block, J-R., et H.E. Yuker. 1994. *Vous n'en croirez pas vos yeux : 250 effets d'optiques et illusions visuelles*. Paris: Éditions Solar, 223 p.

Boullard, Bernard. 1988. *Dictionnaire de la botanique*. Paris: Ellipses, 398 p.

Boutang, Pierre-André, et Michel Pamart (réal.). 1995. *L'abécédaire de Gilles Deleuze*. Paris: Montparnasse, 3 vidéocassettes (150 min. chacune): son, couleur, VHS.

Bressand, Albert, et Catherine Distler. 1995. *La planète relationnelle*. Paris: Flammarion, 312 p.

Carrière, E.-A. 1900. *Encyclopédie horticole*. Paris : Librairie agricole de la maison rustique, 558 p.

Catterall, James S. 1998. « Does Experirence in the Arts Boost Academic Achievement? A response to Eisner ». *Art Education*, vol. 51, no 4, p. 6-10.

Cauchon, Paul. 1998. «Vers l'État-réseau». *Le Devoir* (Montréal), 28 avril, p. C7.

—————— . 2000. «Tache d'huile». *Le Devoir* (Montréal), 14 et 15 octobre, p. C9.

Cazelais, Normand. 1998. «La vie multipliée». *Le Devoir* (Montréal), 30 nov., p. B2.

Chatani, Masahiro. 1988. *American Houses*. Tokyo : Kodansha International, 84 p.

Chateau, Jean. 1980. *Les grands pédagogues*. Paris: Presses universitaires de France, 374 p.

Chavanne, Marie-Françoise. 1989. «La pédadogie mise en "œuvre"». *Vision*, no 43 (octobre), p. 8-11.

Clark, Robin E. 1999. «Communities as a Place to Begin: Where communauty Happens» In *Beyond the School: Community and Institutional Partnerships in Art Education* sous la dir. de Rita L.

Irwin et Anna M.Kindlers. Reston : National Art Education Association, 96 p.

Coleno, Nadine, et Karine Marinacce. 1990. *Petite tache au pays du Land art*. Paris: Du Regard, 33 p.

Costa, Rosiris Terezinha, et Ruth da Cunha Pereira. 1994. *Recherche-action : voir et vivre le quotidien de l'éducation-apprenant*. Rio de Janeiro: Presses de l'Université de l'État de Rio de Janeiro, 146 p.

Cousinet, Roger. 1968.*L'éducation nouvelle*. Neuchâtel: Delachaux & Niestlé, 160 p.

Debray, Regis (dir. publ.). 1996, *Qu'est-ce qu'une route?* Les Cahiers de médiologie 2. Paris: Gallimard, 317 p.

————— . (dir. publ.). 1997, *Anciennes nations, nouveaux réseaux*. Les Cahiers de médiologie 3. Paris: Gallimard, 318p.

Deleuze, Gilles. 1968. *Différence et répétition*, Paris: PUF, 411p.

Deleuze, Gilles, et Félix Guattari. 1972. *L'Anti-Œdipe*, Paris: Éditions de Minuit, 494 p.

————— . 1976. *Rhizome*. Paris: Les Éditions de Minuit, 74p.

————— · 1980. *Milles Plateaux*. Paris: Les Éditions de Minuit, 645 p.

Deleuze, Gilles, et Claire Parnet. 1977. *Dialogues*. Paris: Flammarion, 177 p.

Dagognet, François.1973. *Écriture et iconographie*. Paris: J. Vrin, 170 p.

Diderot, Denis, et Paul Vernière. 1964. *Œuvres philosophiques*. Paris: Éditions Garnier, 649 p.

Donmoyer, Robert. 1990. «Generalizability and the single-case study» In*Qualitative inquiry in education:the continuing debate*, sous la dir. de Elliot Einsner, New York et Londres: Teachers College Press, p.175-200.

Durand, Daniel. 1996. *Systémique*. Coll. Que sais-je?, Paris: Presses universitaires de France, 126 p.

Eisner, Elliot W. 1998. «A Response to Catterall». *Art Education,* vol. 51, no 4, p.12.

Ekeland, Ivar. 1995. *Le chaos*. Coll. DOMINOS, Paris : Flammarion, 98 p.

Ferrero, Max (dir. publ.). 1986. «Le fonctionnement général du Réseau» In *L'Éducation et ses Réseaux*. Actes du colloque du Groupe de Recherche sur l'individualisation de la formation et les Réseaux (Paris, 20-21 octobre 1986). Paris : Institut national de recherche pédagogique, 232 p.

Ferrière, Adolphe. 1969. *L'École active*. Neuchâtel : Delachaux & Niestlé, 213 p.

Gauthier, Clermont. 1989. *Fragments et résidus 2: Deleuze éducateur*. Rimouski: GREME, 212 p.

Gauthier, Clermont, Jean-François Desbiens, Annie Malo, Stéphane Martineau et Denis Simard. 1997. *Pour une théorie de la pédagogie*. Québec: Les Presses de l'Université Laval, 352 p.

Germain de Saint-Pierre, E. 1870. *Nouveau dictionnaire botanique*. Paris: J.-R. Baillière et fils, 1388 p.

Gosselin, Gabriel. 1996. « Les origines du mouvement alternatif : de Jean-Jacques Rousseau au groupe COPIE » In *L'école alternative : un projet d'avenir* sous la dir. de R. Pallascio, L. Julien et G. Gosselin, p.27-53, Laval : Beauchemin.

Québec, ministère de l'Éducation. 1984. *Guide pédagogique: secondaire*. T. 1, 143 p.

Guattari, Félix . 1986. «Le réseau producteur de subjectivité» In *L'Éducation et ses Réseaux.* Actes du colloque du Groupe de Recherche sur l'individualisation de la formation et les Réseaux sous la dir. de Max Ferrero. (Paris, 20-21 octobre1986). p.123-126, Paris: Institut national de recherche pédagogique.

Guérin, Marc-Aimé (dir. publ.). 1998. *Dictionnaire des penseurs pédagogiques,* Montréal: Guérin, 357 p.

Guilfoil, Joanna K., et Alan R. Sandler (dir. publ.). 1999. *Built Environment Education in Art Education.* Reston : National Art Education Association, 246 p.

Heber-Suffrin, Claire et Marc. 1988. *Appels aux inteligences.* Vigneux: Matrice, 257 p.

Hrabal, Bohumil. 1991.*Une trop bruyante solitude.* Paris: Robert Laffont, 128 p.

Illich, Ivan D. 1974.*Une société sans école.* Paris: Édition du Seuil, 219 p.

Irwin, Rita L. et Anna M.Kindlers (dir. publ.).1999. *Beyond the School: Community and Institutional Partnerships in Art Education.* Reston : NAEA, 96 p.

Laborit, Henri. 1968.*Biologie et structure.* Coll. « FOLIO /ESSAIS», no 74. Paris : Gallimard, 190 p.

Labrecque, Jean-Claude. 1978. *...26 fois de suite!* Film 16 mm, coul., 23 min 58 s. Montréal : ONF.

Larkin, Ryan. 1968. *En marchant.* Film 16 mm, coul., 5 min 06 s. Montréal : ONF.

Leduc, André et Jean-Jacques Leduc. 1981. *Zea.* Film 16 min, coul., 5 min 17 s. Montréal : ONF.

Legendre, Renald (dir. publ.). 1993. *Dictionnaire actuel de l'éducation.* Coll. «Le Défi éducatif», 2e éd., Montréal : Guérin, 1500 p.

Legrand, Louis. 1972. *Pour une pédagogie de l'étonnement.* Neuchatel : Delachaux et Niestlé, 133 p.

Lévy, Pierre.1997.*L'intelligence collective: pour une anthropologie du cyberespace.* Coll. « La Découverte/Poche », no 27. Paris: La Découverte, 245 p.

—————— . 1996. *La cyberculture et l'éducation.* s.p. «http://www.epfl.ch/UF/observatoire/levy/cybercultureF.html». Consulté le 28 janvier 2000.

—————— . 1994. *Des arbres de connaissances.* Conférence prononcéer à l'université de Caen. s.p.

«http://www.fse.ulaval.ca/fac/explorinter/acfas/plarb9m/plarbeba.ht ml». Consulté le 20 mars 2001.

Littré, Maximilien Paul Émile. 1877. *Dictionnaire de la langue française.* Paris : Hachette.

Manguel, Alberto. 1998. *Une histoire de la lecture.* Paris : Actes Sud/ Leméac, 427 p.

Musso, Pierre. 1997. *Télécommunication et philosophie des réseaux.* Coll. « La Politique Éclatée ». Paris : Presses Universitaires de France, 395 p.

Neperud, Ronald W. 1995.*Context, Content, and Community in Art Education.* New York : Teachers College Press, 251 p.

Parrochia, Daniel. 1993. *Philosophie des réseaux.* Coll. « La Politique Éclatée ». Paris: Presses Universitaires de France, 300 p.

Payant, René. 1987. *Vedute.* Montréal : Trois, 682 p.

Piaton, Georges. 1974. *La pensée pédagogique de Célestin Freinet.* Toulouse : Privat, 320 p.

Pinciotti, Patriicia, et Rebecca Gorton. 1999. «Art as a Way of learning: A Business and Education Partnership». In *Beyond the*

School: Community and Institutional Partnerships in Art Education, sous la dir. de Rita L. Irwin et Anna M.Kindlers, Reston: National Art Education Association, p. 63-69.

Radar, Edmond. 1978. *Invention et métamorphose des signes*, Paris:Klincksieck,336 p

Richard, Moniques. 1996. « La pédagogie artistique nomade : une alternative au cloisonnement des disciplines». In *L'école alternative: un projet d'avenir* sous la dir. de R. Pallascio, L. Julien et G. Gosselin, Laval : Beauchemin, p.85

——————— . 1996. «Art Nomade et Territoire Spacio-Corporel de l'Enfant» In *Journal of the canadian society for education through art*, vol. 27(1) (spring) p.10-16.

——————. 1994. «*Postmodernisme, pli baroque et pédagogie nomade : Analyse de trois projets artistiques de réapropriation ludique du corps et de l'espace avec les enfants.*» Thèse de doctorat, Montréal, Université Concordia, 246 p.

——————— . 1994 «Analyse de stratégies spatio-corporelles en pédagogie artistique: une méthodologie éclectique» In *Revue de l'association pour la recherche qualitative*, vol. 10 (hiver), p. 49-61.

Richard, Moniques, et Suzanne Lemerise (dir. publ.).1998. *Les arts plastiques à l'école*. Montréal : Logiques, 354 p.

Rocco, Jean-Charles. 1986. *L'Éducation et ses Réseaux: Actes du colloque du Groupe de Recherche sur l'individualisation de la formation et les Réseaux* sous la dir. de Max Ferrero (Paris, 20-21 octobre 1986). Paris : Institut national de recherche pédagogique, 232 p.

Rufer, Lois, Betty Lake, Ellen Robinson et John Hicks, 1998. «Stretching Our Boundaries and Breaking Barriers to the Public Mind» In *Art Education*, vol. 51, no 3, p.43-51.

Schramm, Susan L. 2000. «Genetic Robots: An Integrated Art and Biology Curriculum» In *Art Education*, vol. 53, no 3, p.40-45.

Sherman, David. 1998. «Savoirs incarnés: pour une pédagogie culturelle». *Les arts plastiques à l'école*, sous la dir. de Moniques Richard et Suzanne Lemerise, Montréal : Logiques. p. 111-134.

Tardif, Maurice. 2000. «L'internationale des réformes» *Le Monde des Débats* (Paris) no 17, (septembre), p.12.

Trent, Allen, William Dwyer, Janet Hammock, Paul Hammock, Carol Myers et Joan Webb. 1998. «Arts and Academics : A Partnership» In*Art Education*, vol. 51, no 4, p.33-38.

Ulbricht, J. 1998. «Interdisciplinary Art Education Reconsidered» In*Art Education*, vol. 51, no 4, p.13-17.

Vial, Jean. 1995. *Histoire de l'éducation.* Coll. « Que sais-je? » Paris: Presses universitairess de France, 127 p.

Wainio, Carol. 1994. «Struggling with Modernism in the Academy». *Canadian Review of Art Education*, vol. 21, no 2, p. 122-26.

Wenner, Gene C. 1991. «Arts Beyond the School Walls». In *Supervision and Administration : Programs, Positions, Perspectives*, sous la dir. de E. Andrew Mills, Reston : National Art Education Association. p.19-26.

White-Travanti, Carolyn. 1991. «Arts Networking as Staff Development : The Cultural Community as Staff Development Resources». In *Supervision and administration : Programs, Positions, Perspectives* sous la dir. de E. Andrew Mills, Reston : National Art Education Association. p.153-162.